国家自然科学基金面上项目"认知风格和创业情境匹配下创业决策逻辑对创业绩效的作用机制研究（71772055）"

教育部人文社会科学研究规划项目"创业决策逻辑前置因素及其对创业绩效的影响研究（17YJA630067）"

安徽省哲学社会科学规划一般项目"直觉还是分析？创业决策逻辑选择的影响因素及其对新企业生成作用研究（AHSKY2019D030）"

认知视角下
创业决策逻辑的作用机制

龙 丹 著

合肥工业大学出版社

图书在版编目(CIP)数据

认知视角下创业决策逻辑的作用机制/龙丹著 . —合肥:合肥工业大学出版社,2021.10

ISBN 978 - 7 - 5650 - 5431 - 0

I.①认… Ⅱ.①龙… Ⅲ.①创业—决策—研究—中国 Ⅳ.①F249.214

中国版本图书馆 CIP 数据核字(2021)第 186587 号

认知视角下创业决策逻辑的作用机制

龙 丹 著		责任编辑	王钱超	
出　版	合肥工业大学出版社	版　次	2021 年 10 月第 1 版	
地　址	合肥市屯溪路 193 号	印　次	2021 年 10 月第 1 次印刷	
邮　编	230009	开　本	710 毫米×1010 毫米　1/16	
电　话	人文社科出版中心:0551 - 62903205	印　张	11	
	营销与储运管理中心:0551 - 62903198	字　数	168 千字	
网　址	www.hfutpress.com.cn	印　刷	安徽联众印刷有限公司	
E-mail	hfutpress@163.com	发　行	全国新华书店	

ISBN 978 - 7 - 5650 - 5431 - 0 　　　　　　　　　　定价:39.00 元

如果有影响阅读的印装质量问题,请与出版社营销与储运管理中心联系调换。

前　言

自中国进入"大众创业、万众创新"时代以来，一批又一批创业者活跃在中国市场的舞台上，为中国经济转型升级注入了强有力的生命力。"双创"背景下，公众的创新意识和创业热情有很大的提高，中国经济、科技以及教育等多个领域取得了全方面飞速发展，我国正大跨步投入创新型国家建设进程中。值得注意的是，来自国家市场监督管理总局的相关统计数据显示，中国初创企业的创业失败率高达80%，企业平均生存年限小于3年，大部分企业活不过1年。

伴随着创业实践活动的蓬勃发展，创业理论也快速兴起，成为管理学研究的主流领域，衍生出一系列研究成果。自20世纪60年代以来，创业研究经历了从归纳总结创业者特质的"特质论"到关注创业行为过程的"过程观"，再到探索创业行为背后认知成因的"认知视角论"。创业研究理论发展脉络逐渐深化，并产生了一个新兴研究学派——"创业认知学派"。创业认知学派的核心观点是创业研究需要立足于创业情境，从创业情境与创业认知的相互作用中挖掘创业行为背后的诱因，进而解析创业绩效的差异性。目前，认知视角已经成为创业研究的主流，识别和归纳创业者行为背后的认知独特性，并分析其对创业行为的影响作用，进而揭示创业行为过程的理性规律成为创业研究的主要范式。

创业行为过程中，创业者需要制定一系列的创业决策，创业决策的有效性直接影响着创业成败。"创业者如何制定创业决策以提高创业绩效"成为理论界和实践界共同关注的焦点。然而，现有研究常常忽视了创业者思维过程背后的认知心理与创业情境的相互匹配性，常常得出不一致甚至相互矛盾的研究结论，导致难以归纳创业行为规律、不能有效解释创业绩效差异。本书依托认知理论、行为决策理论、资源管理观等相关知识，实证检验创业决策逻辑（因果逻辑和效果逻辑）的前置因素及其向创业绩效转化的路径、边界条件。研究重点为以下内容：一是从创业者认知风格和创业情境之间的综合关系中，解析不同因素诱发创业决策逻辑的差异性；二是基于认知学习理论解析创业者不同类型的先前经验对创业决策逻辑选择的影响作用；三是从资源管理观的角度，探索创业决策逻辑对创业绩效作用过程中资源捆绑行为的中介作用。

本书的研究重点突破现有行为决策理论关注成熟大企业，探索创业情境下新企业的决策行为规律，在理论层面深化对创业决策本质内涵的认识，并对行为决策理论形成有益补充。此外，本书构建了"情境—认知—决策"的研究范式来分析创业者的决策规律，有助于启发从关键要素间的综合关系探索创业行为规律，深化对不同创业决策逻辑（因果逻辑和效果逻辑）之间关系的探讨，指出它们并非相互排斥、互不相容的两个极端，而是可以同时并存，并有助于深化对创业决策规律的理性认识。

本书的研究成果有助于创业者基于创业环境特征，根据自身的认知风格、经验特征，理性选择合适的创业决策逻辑，提高创业决策的有效性，提升创业成功率；有助于补充、丰富创业教育的内容体系，有针对性地培养出具有创业思维的人才；有助于风险投资者明确挑选有成长潜力的创业者和创业项目的标准，在风险投资者投资新企业后，有针对性地参与企业管理，提供管理咨询，提升投资质量和绩效；并能为政府部门制定有针对性的政策措施提供参考，提高新企业生存率，优化资源配置，发挥创业活动对经济社会发展的推动作用。

本书是国家自然科学基金面上项目"认知风格和创业情境匹配下创业决策逻辑对创业绩效的作用机制研究（71772055）"、教育部人文社会科学研究规划项目"创业决策逻辑前置因素及其对创业绩效的影响研究（17YJA630067）"和安徽省哲学社会科学一般项目"直觉还是分析？创业决策逻辑选择的影响因素及其对新企业生成作用研究（AHSKY2019D030）"的研究成果。在本书撰写过程中，笔者参考了国内外学者关于创业决策、认知理论等相关领域的研究成果，在此表示衷心感谢。汤宇静、林静、洪阳、柴兆珍等研究生参与了文献整理和研究工作，一并表示诚挚感谢。感谢姚晓芳教授、李姚矿教授长期以来对我研究工作的指导。此外，还要感谢我的爱人魏亚龙、父亲龙志文、母亲刘翠兰、弟弟龙超，感谢他们的支持和照顾，是他们的爱支撑我一路前行。感谢侄女龙敏卉带给我的快乐，让本书的撰写过程始终伴随着笑声。

龙　丹

2021 年 9 月

目　录

第 1 章　绪　论

1.1　研究背景与研究问题提出

在新企业生成与成长过程中，创业者需要制定一系列的创业决策，如机会识别和评估、资源整合、团队组建等，任何一项决策的误判都可能带来难以挽回的后果，创业决策的有效性直接影响着创业成败（Franco、Haase，2010；Maine、Soh、Santos，2015）。特别是在新企业初创阶段，面临资源有限以及各种不确定性因素，创业者能否作出正确的决策决定企业能否长期生存下去，而创业者如何做出决策取决于创业者采取何种决策逻辑。

"创业者如何制定创业决策以提高创业绩效"一直是理论界和实践界共同关注的问题。因果逻辑和效果逻辑是两种主要创业决策逻辑（Sarasvathy，2001）。传统的管理决策理论基于稳定的市场环境这一前提，以目标为导向、预测为基础，选择最优手段的因果逻辑决策方式来解决企业管理过程中的决策问题，实现预期目标最大化。然而，在创业情境下，新企业大都缺乏资源、声誉、企业文化等要素，面临的可能是尚未成熟的行业或者市场，具有典型的奈特不确定性，经典的管理决策理论难以发挥作用。在此背景下，Sarasvathy 教授基于西蒙的决策理论，结合创业型经济发展的现状，打破传统经济学和管理学的一些假设，提出能更适用于创业情境的效果逻辑理论（Sarasvathy，2001）。效果逻辑是基于一组既定的手段和资源，关注这些手段和资源的整合可以带来的各种可能结果和效果，从中选择满意的结果，不强调对未来的准确预测。

效果逻辑理论一经问世，就受到了学者们的极大追捧，很多学者认为效果逻辑突出了创业情境独特性，是创业研究谋求学术贡献的关键突破点（Brettel et al.，2012；Arend et al.，2015；方世建，2012；杨俊，2014；秦剑，2011）。因果逻辑和效果逻辑共同构成的创业决策逻辑研究蓬勃发展起来。在早期主要是进行理论分析，讨论效果逻辑和因果逻辑的区别、探索效果逻辑和因果逻辑的测度（Sarasvathy，2001；Sarasvathy、Dew，2005；Read、Sarasvathy，2005；Wiltbank et al.，2006）。在 2008 年后，有学者开始尝试运用实证研究、案例研究等方法解析创业决策逻辑（Read et al.，2009；Forster、York，2009；Mauer et al.，2010；Garonne et al.，2010）。

然而，少有学者解析"什么因素促使创业者运用何种创业决策逻辑来制定创业决策以提高创业绩效"。近年来，开始有学者意识到这一问题的重要性，并做出有益探索，但依然存在以下问题：

一是，已有研究往往从一些外显性特征分析创业决策逻辑，如创业经验（Wiltbank et al.，2010）、环境不确定性与社会资本（Lepoutre et al.，2010），但得出的研究结论常常不一致甚至相互矛盾（Hindle、Senderovitz，2010；Wiltbank et al.，2010）。创业决策逻辑最关键、最直接的决定因素是创业精神和创业思维，上述特征虽然会影响创业思维，但不能完全解释创业思维。因此，有必要深入创业者心理内部，从创业者独特认知过程，尤其是从认识风格（反映创业者在搜集、处理解决问题或决策等相关信息时偏好方式的角度）角度出发，分析创业决策逻辑的关键影响因素，从而推动创业决策研究进一步深化（Welter et al.，2016）。

二是，创业经验作为创业者人力资本的重要组成部分，对创业决策过程发挥着极其重要的作用。但是，创业决策过程及创业绩效是多个因素综合作用的结果，创业者可能含有多种先前经验，如管理经验、行业经验，孤立地分析某一种经验对创业决策逻辑选择的影响，难以得出具有说服力的研究结论（Colombo、Crilli，2005；田莉、龙丹，2009）。此外，单一的创业经验维度还会固化学者们对先前经验的认识。因此，要理性认识先前经验在创业决策过程中的作用，需要综合分析不同类型的先前经验对创业决策逻辑的驱动作用。

三是，现有研究常常运用抽象的理论从某个或某几个维度推导假设，忽视了要素间的综合作用关系，忽视了创业决策逻辑是"创业情境特殊性诱发的独特思维和认知过程"（Venkataraman et al.，2012）。因此，要深入挖掘创业决策逻辑，就必须综合考虑创业者认知过程和创业情境，并从二者之间的相互作用关系中探索创业决策逻辑的内在规律（Arend，2015）。

四是，大多数现有研究停留在比较不同创业决策逻辑对创业绩效的直接作用上，忽视了创业决策逻辑对创业绩效的内在作用机理，忽视了创业行为在创业决策逻辑向创业绩效转化过程中的中介作用，创业决策逻辑与创业绩效之间的"黑箱"亟待于揭开（Guo et al.，2016）。

基于此，本研究突出创业决策相对于管理决策的独特性，依托认知理论、行为决策理论、资源管理理论等相关知识，采用问卷调查法，探索"创业者如何进行创业决策、哪些因素会影响以及如何影响创业决策逻辑"，分析创业决策逻辑（因果逻辑和效果逻辑）的前置因素及其向创业绩效转化的路径。研究重点为以下内容：第一，从认知风格和创业情境综合作用的视角，分析创业决策逻辑的关键影响因素。第二，探索环境不确定情境下，不同类型的先前经验对创业决策逻辑的影响作用。第三，从资源管理理论的角度，探索创业决策逻辑对创业绩效作用过程中资源捆绑的中介作用。通过探索以上内容，笔者力图挖掘创业决策逻辑的内在规律，启发"创业绩效差异来自哪里"等创业领域本质性问题的解析，扩充创业理论研究边界，并为创业实践提供科学指导。

1.2　研究意义

本研究的理论意义主要体现在：

一是，对传统的行为决策理论形成有益补充。传统的行为决策理论大多以成熟企业情境下的管理决策为对象展开研究。传统管理决策强调目标导向、

以利益最大化为标准，通过预测、分析来选择最优行动方案（Sarasvathy,
2008）。但在创业情境下，由于有限理性、奈特不确定性、资源稀缺性等因素
的影响，难以有效运用传统管理决策逻辑。凸显创业情境独特性，探索创业
情境下的创业决策逻辑，分析创业者如何应对、利用不确定性等来创造价值
谋求新企业发展，会在理论层面深化认识创业决策的本质内涵，有效地拓展
传统的行为决策理论。

二是，对现有的创业决策逻辑理论进行了丰富与完善。学术界常常将因
果逻辑视为一个整体的概念，没有进一步深入分析其维度。但是，对于效果
逻辑的研究，学者们常常将其细化为手段导向、可承受损失、战略联盟、利
用意外事件 4 个维度进行量化研究，这造成因果逻辑、效果逻辑在结构上的
不对等。Guo 等人（2016）曾在其研究中明确表示，他们的研究未将因果逻
辑、效果逻辑细化到具体维度，这制约了研究结论的准确性和科学性。本研
究借鉴国外成熟的量表，采用 4 个对等的维度来量化因果逻辑、效果逻辑，
将因果逻辑划分为目标导向、预期回报、竞争分析和避免意外事件 4 个维度，
将效果逻辑划分为手段导向、可承受损失、战略联盟和利用意外事件 4 个维
度，意图推动创业决策逻辑研究的进一步深化。

三是，丰富了创业决策逻辑前置因素的研究内容。因果逻辑和效果逻辑
是两种最重要的创业决策逻辑，大多数研究主要集中在其后置作用机制的探
讨上，对前置因素的研究较少。为数不多的研究往往从一些外显性特征分析
创业决策逻辑，如创业经验、社会资本、创业资源、管理水平等，得出的研
究结论常常不一致甚至相互矛盾。创业者先前经验不局限于单一的创业经验，
还包含其他类型的经验。同时，创业决策逻辑最关键、最直接的决定因素是
创业思维。因此，有必要深入创业者心理内部，从创业者独特的认知过程、
认知学习出发，分析创业者决策逻辑的关键影响因素。本研究探讨不同类型
的先前经验和认知风格对创业决策逻辑选择的影响，有助于推动创业决策影
响因素的研究进一步深化。

四是，拓展了认知风格在创业研究领域的运用。认知风格作为描述个体
收集、分析、处理信息方式偏好的概念，最早由 Allinson 和 Hayes（1996）引
入到创业领域，后续学者多聚焦于认知风格对创业倾向、创业机会识别与评

价等创业行为的影响，却少有学者关注认知风格对创业决策逻辑的影响作用（Kickul et al.，2009；Armstrong et al.，2012）。作为创业行为过程中的核心要素，创业决策逻辑直接决定着创业成败。本研究把因果逻辑和效果逻辑作为因变量，研究不同认知风格维度对二者的作用机制，进一步丰富了认知风格在创业研究领域的作用。

五是，强化了创业情境与创业行为过程研究之间的联系。创业行为过程高度依赖创业情境的变化，创业者需要与企业内外部环境积极互动，从而促进创业过程的良好发展。创业情境通常具有较高的环境不确定性。对于创业者而言，"制定何种决策以应对环境不确定性"是非常重要的问题，其在一定程度上决定着企业的成败。Venkataraman 等人（2012）认为创业决策逻辑是"创业情境诱发的独特思维和认知过程"。因此，要理性认识创业决策逻辑，就必须将创业者认知和创业情境结合起来考虑，从二者之间的综合作用中探索创业决策逻辑的内在规律。然而，现有研究对环境不确定性调节创业决策逻辑影响机制的作用尚未形成统一的结论。基于此，本研究将环境不确定性与创业决策逻辑前置因素作用过程结合起来，深入分析环境不确定性的调节过程，有助于启发学者从环境不确定性中探索创业决策内在规律。

本研究的实践意义主要体现在：

首先，在创业者层面，本研究有助于创业者基于创业环境特征，根据自身的认知风格、经验特征，理性选择合适的创业决策逻辑，提高创业决策的有效性，提升创业成功率。分析型认知风格的创业者更多地运用因果逻辑，直觉型认知风格的创业者更依赖于效果逻辑。但是在环境不确定性高的创业情境中，分析型认知风格的创业者不要过多地在乎预期回报；直觉型认知风格的创业者也不要过于关注可承受损失，且要减少运用意外事件。如果强调目标导向，创业者在决策时就要尽量使用开拓性资源捆绑，而不是使用稳定性资源捆绑。战略联盟不会通过任何一种资源捆绑的中介作用来影响新企业绩效。在构建战略联盟时，创业者不必过多地投入精力来选择资源捆绑方式。

其次，在创业教育层面，本研究有助于补充、丰富创业教育的内容体系，有针对性地培养出具有创业思维的人才。在传统的 MBA 教学中，大多数学者是以因果逻辑理论为基础进行教学。本研究探讨创业者认知风格和创业情境的综合作用对创业决策逻辑的影响，有助于教育界针对受教育者不同的认知风格开发出相应的教育模式，对于分析型认知风格的创业者更多地讲授因果逻辑的决策理论，对于直觉型认知风格的创业者更多地讲授效果逻辑的决策理论。同时，在未来的创业教育中应当注重效果逻辑的推广和资源捆绑的训练，积极引导创业者在面临不同决策情境时选择适当的资源捆绑，推动创业教育在实践操作性上进一步深化。

再次，对于风险投资者而言，本研究从理论上验证创业决策逻辑对创业绩效的重要性，剖析创业决策逻辑影响创业绩效的作用路径和边界条件。通过对创业者行为背后的认知和决策机制的深入分析，一方面强化他们挑选有成长潜力的创业者和创业项目的标准；另一方面也有利于他们在投资新企业后，有针对性地参与企业管理，提供管理咨询，提升投资绩效。

最后，在创业政策层面，目前我国的创业政策对创业活动的针对性不足，缺乏侧重于创业行为规律的政策措施。本研究从创业情境、认知、决策的逻辑思路来分析创业者的决策机制，解析产生创业绩效差异的深层次来源，为政府部门制定有针对性的政策措施提供参考，在提高新企业生存率的同时，优化资源配置，发挥创业对经济社会发展的推动作用。

1.3 研究内容

本研究的基本判断是创业者不仅是组织的创造者，更是组织的设计者。高绩效的创业活动源于创业者组织设计思维背后的行为决策。创业情境特殊性诱发的独特思维和认知过程，创业者在认知与外部情境的共同作用下产生创业决策逻辑，进而影响创业行为过程和创业绩效。基于此，本项目以创业者思维背后的创业决策逻辑为落脚点，关注创业者决策逻辑形成及作用机制，重点探索以下3个问题：①创业者如何做出创业决策，创业者认知风格和不确定环境的综合作用如何影响创业决策逻辑；②不确定环境下，不同类型的创业者先前经验对创业决策逻辑发挥怎样的影响作用；③创业决策逻辑如何通过资源捆绑的中介作用影响创业绩效。本书的理论模型如图1-1所示。

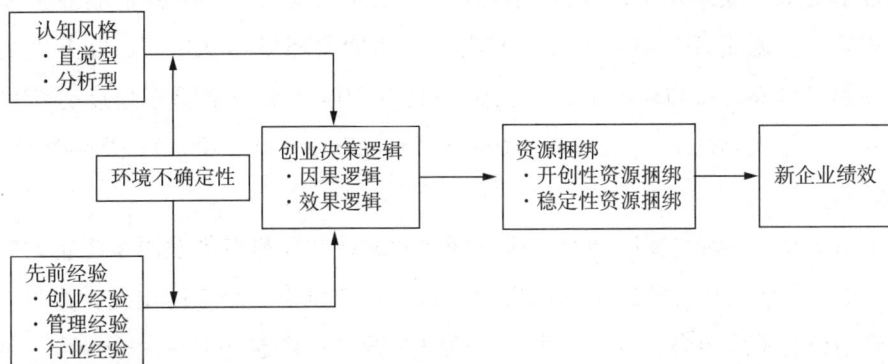

图 1-1　本书的理论模型

1.3.1　基本概念分析与理论模型构建

作为创业研究的前沿领域，创业决策逻辑已经成为凸显创业情境独特性、有望谋求学科贡献的关键性议题。自 Sarasvathy 教授创建效果逻辑理论 20 余年来，越来越多的学者致力于创业决策逻辑的研究，取得了丰硕的研究成果。本研究主要系统梳理创业决策逻辑的相关理论和研究成果，明确其内涵、类型，概括创业决策逻辑研究的主题，并述评这些研究成果，识别已有相关研究中存在的不足和可能的研究机会，并在此基础上构建理论模型。

此外，在对相关文献进行分析的基础上，笔者借鉴 Churchill（1979）提出的关于研究变量测量条目的 3 个步骤展开问卷设计，结合中国转型经济背景，开发中国情境下创业决策逻辑、认知风格、环境不确定性测量量表，设计调查问卷，为后续研究奠定基础。

1.3.2　环境不确定性情境下，认知风格对创业决策逻辑的影响

为了理清创业决策逻辑的科学规律，学者们从不同角度分析了哪些因素影响创业决策逻辑，如经验（Hindle、Senderovitz，2010）、社会资本

（Meuleman et al., 2010）、资源灵活性（Costa, 2010），但常常是运用抽象的理论从某个或某几个维度入手，忽视了创业情境的权变作用。新企业生成本质上是创业者、创业机会、创业行为和创业环境相互作用、相互匹配的过程（Shane, 2003）。因此，我们不能独立地从某一个要素角度分析创业决策行为规律（Gartner, 1985；Busenitz et al., 2014；Davidsson, 2005）。

基于此，本研究探讨创业情境下创业者的认知风格对创业决策逻辑的影响作用。本研究从直觉型认知风格和分析型认知风格 2 个维度出发，将效果逻辑划分为手段导向、可承受损失、战略联盟和利用意外事件 4 个维度，将因果逻辑划分为目标导向、预期回报、竞争分析和避免意外事件 4 个维度，分别探讨直觉型认知风格的创业者对效果逻辑 4 个维度的影响作用和分析型认知风格的创业者对因果逻辑 4 个维度的影响作用。最后，本研究加入环境不确定性作为调节变量，探讨直觉型、分析型认知风格与环境不确定性的综合作用机制对效果逻辑和因果逻辑各个维度的影响作用。

1.3.3 环境不确定性情境下，不同类型的先前经验对创业决策逻辑的影响

学者们从概念、测量以及作用机制等方面对创业决策逻辑进行研究，也取得了非常多的研究成果。但是，对于创业决策逻辑的前置因素研究仍处于起步阶段（崔连广，闫旭，张玉利，2020）。创业经验是区分专家型创业者与新生创业者最显著的差异特征，因此有学者开始聚焦于研究创业经验对创业者决策逻辑选择的影响。Politis（2008）以 231 位创业者为调研对象，研究结果显示具有丰富创业经验的创业者在创业过程中更倾向于使用效果逻辑的决策方式，而非因果逻辑。Dew，Read，Sarasvathy 和 Wiltbank（2009）的研究成果也支持了这一结论，在对 27 位创业经验丰富的创业者与 37 位没有创业经历的 MBA 学生进行对比研究后发现，创业专家在决策过程中更有可能采用效果逻辑，而缺乏创业经验的 MBA 学生则倾向于运用因果逻辑。这似乎表明了效果逻辑是专家型创业者独特的逻辑思维。然而，Brettel 等人（2012）对

这一观点提出了质疑，他们的研究结果表明没有创业经验的新生创业者在决策过程中会更有可能运用效果逻辑，而不是因果逻辑。同时，Hindle 和 Senderovitz（2010）通过对 22 家新企业进行案例研究分析后发现，创业专家更倾向于采用基于因果逻辑的决策方式。因此，创业经验不足以解释创业者对决策逻辑选择的影响，先前经验与创业决策逻辑之间应该有更加复杂的关联机制。

此外，创业情境是嵌入在创业过程中的，环境不确定性是创业情境的最显著特征（Mcmullen、Shepherd，2006）。现有研究中对于环境不确定性的作用尚未形成统一的结论。Reymen 等人（2015）基于 9 家新企业的数据，得出的研究结果表明当创业者感知到较高的环境不确定性时，他们更有可能采用效果逻辑的决策方式，同时会减少对因果逻辑决策方式的使用。Harm 和 Schiele（2012）发现环境不确定性在调节创业决策逻辑选择的影响机制上没有显著作用。因此，环境不确定性对创业决策逻辑的作用需要进一步探讨。

基于此，本研究探讨创业情境下创业者先前经验（创业经验、管理经验、行业经验）对其创业决策逻辑选择的影响机制。具体而言，研究重点探索两个问题，一个是探究创业者不同类型的先前经验是否对其创业决策逻辑的选择产生影响，另一个是结合创业情境，探讨环境不确定性是否在创业者先前经验与决策逻辑之间的作用机制中发挥调节作用。

1.3.4　创业决策逻辑通过资源捆绑影响创业绩效的作用机制

创业决策的根本目的在于提高创业绩效，效果逻辑基于既有手段在可能的目的中进行选择，通过创造性行为来推动新企业成长（Read、Sarasvathy，2005）；因果逻辑为了创造既定的目标在手段中进行选择（Sarasvathy，2001；Sarasvathy、Venkataraman，2011）。然而，关于创业决策逻辑与创业绩效的关系，现有研究没有得出一致的结论。有学者提出，效果逻辑和因果逻辑作为两种截然不同的创业决策逻辑，它们与创业绩效的关系完全相反（Brettel et al.，2012）。但 Guo 等（2016）的观点不同，她们实证检验了效果逻辑和因果逻辑对新企业绩效的作用，发现二者对新企业成长都有显著的推动作用，从而反映了效果逻辑和因果逻辑并不是非此即彼的对立关系，而是相互补充、共同存在的决策方式。

创业行为过程本质上是整合资源以开发创业机会、创造价值的过程。资源基础观强调，创业绩效很大程度上取决于新企业运用资源的能力，尤其是创造和维护竞争对手难以模仿的资源的能力（Barney，1991）。资源捆绑是通过整合、转化资源以开发核心能力、提高绩效的过程（Carnes、Ireland，2013；Sirmon et al.，2007）。现有研究已经明确指出，新企业成长主要取决于资源捆绑（Barney，1991；Penrose，1959；Sirmon et al.，2007；Wright、Stigliani，2013）。同时，效果逻辑和因果逻辑的核心概念都关注资源的运用，效果逻辑强调从既有手段出发（我是谁、我知道什么、我认识谁）创造出可能的结果，因果逻辑则是整合资源以达到预期目标（Chandler et al.，2011；Sarasvathy，2001）。基于过程学派的观点，任何创业决策的制定都伴随着创业行为的实施，资源整合和转化是创业行为过程的核心。因此，我们可以推断，资源捆绑可能是揭开创业决策逻辑与创业绩效之间作用关系"黑箱"的突破点。

基于此，本研究运用问卷调查的统计数据，实证检验两个问题：一是考察并比较因果逻辑（目标导向、预期回报、竞争分析和避免意外事件）、效果逻辑（手段导向、可承受损失、战略联盟和利用意外事件）不同维度对创业绩效的直接影响作用，进而归纳创业决策逻辑的总体特征和独特效用，试图提炼出创业决策逻辑对创业绩效的一般性作用规律，为创业者科学制定决策提供理论依据和参考；二是在行为层面构建、验证并比较"结构—行为—绩效"的作用关系链条，深入到行为层面挖掘创业决策逻辑影响资源捆绑进而影响创业绩效的作用过程机制，并从开创性资源捆绑和稳定性资源捆绑两个角度细化资源捆绑。研究重点解析两种不同创业决策逻辑如何通过开创性资源捆绑和稳定性资源捆绑的中介作用，进而影响创业绩效，解析创业决策逻辑、资源捆绑与创业绩效之间的内在联系，在理论层面认识创业决策逻辑的作用规律。

1.4 研究方法

基于动态、连续、整体的研究思路，结合定量研究和定性研究的长处，本研究主要运用文献分析法和实证研究法。

文献分析法：本研究基于国内外主流数据库对文献进行检索，对于中文文献检索主要使用中国知网，外文文献检索主要使用 Web of Science，Emerald，Springer 以及 EBSCO 等数据库。通过上述数据库对关键词进行检索，在快速阅读文献摘要的基础上，剔除不符合研究主题的文献。若通过阅读文献摘要不确定是否符合研究主题，则快速阅读全文内容进行判断，最后对筛选后的相关文献进行精读，进而掌握了创业决策逻辑、认知风格、先前经验以及环境不确定性等相关内容的国内外最新研究进展。在此基础上，明确研究问题，构建研究模型，明确关键变量的内涵、维度、测量方法，为后续提出研究假设提供理论基础。

实证研究法：通过设计符合我国创业情境的相关量表，对研究的主要变量进行测量。根据量表设计问卷，采取发放问卷的方式获得数据。本研究使用 SPSS 软件及 AMOS 软件进行描述性统计分析、信效度分析以及相关性分析，明晰变量的基本特征以及变量之间的基本关系。最后使用多元线性回归分析法和结构方程模型检验假设。

1.5 研究创新点

一方面，研究视角新。基于创业认知理论，从认知风格与创业情境综合作用的视角，探索创业决策逻辑的关键影响因素。现有研究常常基于一些外显性特征，如经验、社会资本、资源灵活性，来分析创业决策逻辑的关键影响因素，但得到的结论相互矛盾（Hindle、Senderovitz，2010；Meuleman et al.，2010；Costa，2010）。其原因在于，研究忽视了创业者思维与创业决策之间更为直接的关系（Mitchell et al.，2007），尤其是忽视了影响创业决策逻辑最直接、最本源的因素——创业情境特殊性诱发的独特思维和认知过程（Venkataraman et al.，2012）。本研究从创业认知视角切入，从认知风格与创业情境的综合作用关系中解析创业决策逻辑的关键影响因素，更贴近于创业本质。

另一方面，研究内容新。澄清创业决策是一个过程体系的观点，深入到资源捆绑层面提炼创业决策逻辑对创业绩效的内在作用机理。有关创业决策的文献较多地关注于创业者某个时间点做出某个决定，如是否创业（Kim、Aldrich、Keister，2006），实施商业化战略（Haeussler，2011）。然而，创业决策并非只是在不确定性条件下确定创业目标，还包括设计、选择创业行为方式的过程（Arend et al.，2015）。本研究在明确创业决策是一个过程体系的基础上，揭开创业决策逻辑与创业绩效作用关系之间的"黑箱"，探索创业决策逻辑通过资源捆绑的中介作用影响创业绩效的内在作用机制，认识创业决策逻辑的内在规律。

第 2 章　**文　献　综　述**

2.1　创业研究的新趋势——认知视角

　　创业活动在经济社会体系中具有重要性、普遍性和复杂性的特点，引起了学术界对创业研究的关注，不同学科领域的学者们力求解答一些看似简单却饱含深意的问题，如"创业者的创业活动会对经济体系和社会发展产生什么影响""为什么有的人而不是其他人能成为创业者""创业者如何创业"，以此来解析创业活动的内在规律（Stevenson、Jarillo，1990）。围绕着这些研究问题，创业研究的关注焦点和研究议题逐步发生演化，历经 5 个阶段，并取得了丰硕的研究成果，推动创业研究从新兴领域向成熟领域的过渡，促进创业研究朝着理论建构和学科独立的方向发展，逐步进入主流管理学的研究范畴。

　　第一阶段，在创业研究早期，创业研究的主要内容是用经济学方法解释创业者的行为方式对一般经济体系和市场体系的影响方式。经济学家 Cantillon（1755）首先引入"创业者"的概念，他认为创业者的创业活动具有风险性和不确定性。随着创业者和新企业在经济体系中的作用日益凸显，越来越多的经济学家对创业研究产生兴趣，并衍生出 3 个流派：奥地利经济学派、芝加哥学派和德国—奥地利经济学派。以 Hayek 和 Kirzner 为代表的奥地利经济学派强调创业者需要信息及成功分析信息的能力，从而才能正确且合理地分配资源。以奈特为代表的芝加哥学派强调风险和不确定性的重要作用，他们认为创业者准备在不确定的世界里承担风险，创业者是可计算风险的承担者，并获取纯利润。利润被视为弥补承担不确定性的回报。创业者在其信息和知识基础上做出判断。德国—奥地利经济学派关注熊彼得所提出的不稳定性和经济发展，认为创业者是动态变革的源泉，创业者的功能就是创新和实现新组合。从经济学视角研究创业虽然在一定程度上明晰了创业对于经济发展和社会进步的独特作用，但是从宏观经济整体的视角分析创业者这一思路，却因忽略了创业者个体的作用和特征而受到批评。

第二阶段，自20世纪50年代至20世纪80年代初，创业研究转向"个体决定论"。大量研究从心理学和行为学角度关注"谁是创业者""为什么有的人而不是其他人能成为创业者"等问题，认为有些人成为创业者并取得创业成功取决于一些心理特质，并试图通过比较创业者与管理者、创业者与普通人的心理特质差异，来归纳总结创业者在领导力、独立、成就欲、控制源、承担风险等方面的独特品质。然而，经过长达20余年的努力，特质论的研究并没有取得令人满意的研究成果，不仅没有勾勒出创业者轮廓，甚至将创业者描绘为充满矛盾的超现实人物，研究陷入困境。Chell（1987）指出许多特质论研究所使用的方法模棱两可，直接从心理学套用过来，没有加以改良修正，并不一定适合创业领域的研究。特质论强调创业者个体，忽视了情境因素，研究结论难以运用于普适的环境。

第三阶段，20世纪80年代，创业研究开始重视情境因素，环境决定论开始占据主导地位。它认为有些人成为创业者并取得创业成功取决于外部环境而非创业者本身。这一视角的研究主要分为两类：一类是社会—文化背景研究，另一类是环境研究。社会—文化背景研究关注于创业者的家庭、种族背景、性别、教育背景和工作经验。环境研究主要基于资源依附理论和种群生态理论，在新企业和环境的层次上分析新企业形成。其中，资源依附理论指出组织和环境相互作用，因为在企业内部不能获得所有的资源，这一学派的思想是环境决定企业的生存和发展。种群生态理论是从生物学中引入创业研究领域的，在种群层面进行分析，忽视了对创业者个体和创业组织的分析，且不能准确预测产业内企业的生死。Bygrave（1993）指出不经过必要的相关学科的逻辑推演，就从基础学科硬拉一些理论，跨层级式地生搬硬套到社会学科，这是极其荒谬的。情境视角下的研究试图识别决定创业成败的关键要素，但是不同研究的研究结论差异很大，难以归纳出共性规律和揭示创业的本质（Timmons，1982）。

第四阶段，20 世纪 80 年代末至 21 世纪初期，过程视角下的创业研究成为主流。Gartner（1988）在系统总结前人研究的基础上，最早提出创业研究应关注创业者行为并挖掘创业过程规律，这一研究奠定了过程视角的理论基础。这一视角不同于以往的研究，主张采用综合的主导逻辑，认为是否创业以及创业成败并不仅仅取决于创业者个体，也不是完全取决于环境，而是创业者个体、创业环境等因素综合作用的结果，并将研究的落脚点放于创业者行为过程（Gartner，1990；Davidsson，2005）。然而，随着研究的深入，学者们发现研究结果难以充分解释并预测创业现象，创业者行为过程不会拘泥于固定形式，特定情境下类似的关键创业要素组合常常引发相互矛盾的创业结果（Moroz、Hindle，2012）。

第五阶段，从关注创业过程中创业者的行为理性转化为探索创业者的认知理性（如何认知和决策），被称为认知学派。他们认为，创业者行为背后的认知和决策可能才是导致创业结果差异的本质原因（Mitchell et al.，2007；Baron、Ward，2004），所以他们致力于识别和归纳创业者行为背后的认知和决策特征，并分析其对创业行为的影响作用，探究创业者在创业过程中的角色和作用。目前，认知学派的创业研究主要有 3 种类型：第一类是将直观推断等心理学概念引入创业领域，并以此来解释创业行为（Baron、Ensley，2006）。第二类和第三类均认为创业认知和创业决策组成创业思维，创业思维才是剖析创业独特规律的关键所在。第二类研究关注创业情境独特性，认为创业认知取决于创业情境独特性，其逻辑思路主要是"情境—思维—行为"，这一学派以 *Journal of Business Venturing* 主编 Dean Shepherd 教授为代表；第三类研究以 Saras Sarasvathy 教授为代表的学者，强调创业者异质性，聚焦于解析专家创业者的创业思维。

综上所述，认知视角已经成为创业研究的主流，识别和归纳创业者行为背后的认知独特性，并分析其对创业行为的影响作用，进而揭示创业行为过程的理性规律成为创业研究的主要范式（Venkataraman et al.，2012；Shepherd et al.，2015）。

2.2 认知风格在创业领域应用的研究评述与展望

创业认知被界定为人们在评价机会、创建和扩张企业时用来评估、判断或决策的知识结构（杨俊、张玉利、刘依冉，2015）。因此，对创业认知的研究就是要理解创业者如何利用简化的心智模式将先前并不相关的信息进行拼凑从而帮助他们识别和创造新的产品或服务，并获得创建和发展企业所必需的资源（Mitchell et al.，2002）。创业认知研究兴起于 20 世纪 90 年代，经过 20 余年的蓬勃发展，主要致力于解析"创业者如何思维"这一本源性问题，分析创业者在创业行为过程中的思维方式、过程及认知风格等。本研究选择关注创业者的认知风格。

2.2.1 引言

自从 1962 年 Witkin 等人对认知风格进行系统定义和实证研究之后，认知风格这一概念便逐渐受到各个领域学者的注意。之后，认知风格在职业与就业（Parkinsonj、Taggart，2007）、团队合作与人际关系（Aritzeta、Senior、Swailes，2005）、教育（Saracho，1998；Cook，2005）、决策（Wong，Kwong、Ng，2007）、市场营销（Sojka、Giese，2006）等领域都得到了应用。作为描述人们处理信息方式偏好的心理概念，近些年认知风格在创业领域的应用也日渐突出（Sadler-Smith，2004；Cools、Van Den Broeck，2006；Baldacchino，2013）。创业者在创业过程中，根据自身获得的市场、科技、政治等信息形成创业认知，再依据自身的认知风格处理这些信息并进行创业活动（Shane、Venkataraman，2000）。有学者提出，认知风格已经成为创业研究的一个重要领域（Allinson、Hayes，1996；Mitchell et al.，2002）。

创业领域学者对认知风格的研究早在 20 世纪 90 年代就已经出现，Allinson 和 Hayes（1996）首次将认知风格维度和创业者特质联系起来，他们认为可以通过认知风格来区分创业者和非创业者。后续的研究则是围绕着创业过程展开，首先是个人是否具有创业意向的研究阶段。Kickul 等人（2009）发现直觉型认知风格的 MBA 学生在创业过程的探索阶段更倾向于进行创业活动。其次，在探讨认知风格和创业机会识别关系方面，Baldacchino（2013）经实证研究发现直觉型认知风格的个体比分析型认知风格的个体具备更强的创业机会识别能力。最后，在研究认知风格和创业绩效的关系方面，Zacca 等人（2017）在探讨冲突和直觉对中小企业新产品开发与创业绩效的影响作用时发现，理性的决策方式与实施创新行为呈负相关，直觉的运用可以增加新企业绩效。

尽管学者对认知风格和创业关键要素的研究已经取得了部分成果，但是仍然存在不足。一方面，认知风格在创业领域一直缺乏统一的分类维度，使得学者在实证研究中运用的分类维度和测量标准都不尽相同，导致相同变量之间的研究结果不同（张敬伟、李蕊，2019）；另一方面，现有研究多局限于挖掘认知风格对创业关键要素的直接作用，但鲜有研究涉及认知风格的调节作用（Armstrong、Cools、Sadler-Smith，2012）。尽管认知风格在创业领域的研究持续了将近 30 年，但是仍然处于发展的初级阶段。认知风格在创业领域的研究现状是怎样的？在创业领域的研究中是否有固定的认知风格分类维度？是否所有的创业关键要素都和特定的认知风格维度相关？

在系统梳理近 30 年认知风格的相关文献之后，笔者从认知风格的概念及分类维度切入，从行为主体和创业过程两个层面将认知风格在创业领域的研究划分为 4 个主题：认知风格和创业者特质、认知风格和创业意向、认知风格和创业机会识别以及认知风格和创业绩效。最后，笔者对这 4 个研究主题一一进行评述和展望，希望能进一步促进认知风格研究在创业领域的发展。

2.2.2　认知风格的概念

认知风格这一概念最早可以追溯到 20 世纪 30 年代。Allport 在 1937 年发表的 *Personality：A Psychological Interpretation* 一文中，为了更好地描述个人人格的特征，创造性地将认知和风格结合到一起，提出了认知风格这一名词。认知风格在不同学者和不同理论框架下的概念有所不同，Kagan（1965）定义认知风格是对环境的感性理解以及在环境中进行概念分类的稳定偏好。Messick（1976）将认知风格定义为稳定的态度、偏好和习惯性策略，这种态度决定了个人的感知、记忆、思考和解决问题的模式。Allinson 和 Hayes（1996）定义认知风格为人们收集、处理和评估信息的方式。虽然理论界对认知风格定义的阐述各不相同，但是学者们普遍认可 Witkin 等人在 1962 年对认知风格的定义（Armstrong、Hird，2009；Brigham，De Castro、Shepherd，2007）。Witkin（1962）认为认知风格是人们在感知、思考、学习、解决问题和与他人建立联系方面的个体差异。本研究认为学者对认知风格定义的区别只是描述不同，其内涵一致，即认知风格是个体偏好的感知、收集、分析以及处理信息的方式，这种偏好会影响个体的行为。

现有研究表明，认知风格主要有以下 5 个特征：第一，认知风格和信息处理的方式有关，而不是和信息处理的内容有关。第二，认知风格普遍存在，且个体的认知风格可以通过相应的测量技术进行评估。第三，认知风格的形成与个体的遗传因素、经验因素密切相关，一个人的认知风格一旦形成，在较长的时间跨度内都稳定存在。第四，认知风格的子变量是双极的，学者对认知风格的划分完全对立，如直觉—分析、整体—部分等。第五，认知风格描述的是人们处理周围信息时优先选择的思维方式，是不同的思维过程，且不同的认知风格之间没有优劣之分，都具备一定的价值（Armstrong，Cools、Sadler-Smith，2012；Sadler-Smith、Badger，1998）。

2.2.3　认知风格在创业领域的研究现状

笔者检索了认知风格在创业领域运用的相关国内外文献，对文献数量和年份分布进行描述性分析，并且初步梳理出认知风格在创业领域应用的研究主题，旨在探索认知风格在创业领域应用的研究现状。

笔者以"认知风格+创业"为检索词在中国知网上进行主题检索，以"cognitive style+entrepreneur＊"为关键词在 Emerald 和 EBSCO 上进行主题检索。根据先前不设定时间段检索，笔者发现认知风格最早是由 Allinson 和 Hayes（1996）引入到创业领域。为进一步精确检索，笔者将检索时间设定为 1990 年 1 月至 2019 年 12 月，总共检索出中文文献 28 篇、英文文献 482 篇；然后通过快速阅读每篇文章的摘要和结论，剔除了认知风格在非创业领域的研究文献，以及仅在全文中提及认知风格和创业字眼的文献，最终锁定了 9 篇中文文献和 44 篇认知风格在创业领域研究的英文文献。通过分析，笔者认为认知风格在创业领域的研究呈现出以下特征。

第一，国内相关研究虽然起步较晚，但正在逐步兴起。中文文献关于认知风格在创业领域应用的研究较少。从文献的时间分布来看，最早由苗青（2007）关注到企业家认知特征对机会识别的影响作用。2007 至 2015 年这 8 年间只有 3 篇文章涉及认知风格在创业领域的应用研究。2016 至 2019 年这 3 年间，认知风格在创业领域应用的中文文献数量才有所起步，总共有 6 篇（占总数的 66.67%）。

第二，国外相关研究日趋成熟，成为一个新的研究热点。Allinson 和 Hayes（1996）最早将认知风格引入到创业研究中。2002 年以前认知风格在创业领域的研究文献较少，仅有 6 篇（占总数的 13.64%）。2002 年至 2012 年，相关文献出现大幅度增长，总共有 21 篇（占总数的 47.73%）。2012 年至今，认知风格在创业领域应用的文献数量和之前研究的数量基本相当，共有 17 篇（占总数的 28.63%）。

第三，在研究方法方面，以实证研究为主，文献综述为辅。2007 至 2019 年 12 月的 9 篇中文文献中，有 3 篇是文献综述，另外有 6 篇是实证研究。根据初步统计，9 篇文献中有 7 篇文章（占综述的 77.78%）出现在国内权威期刊上。具体来说，有 3 篇综述刊登在《外国经济与管理》杂志上，2 篇刊登在《管理学报》杂志上，1 篇刊登在《管理世界》杂志上，1 篇刊登在《华东经济管理》杂志上。国外的研究方法比国内的文献要丰富，国外相关研究主要运用实证研究方法。具体来看，在这 44 篇文献中，实证研究共 39 篇（占总数的 88.64%），明显占据主导地位；文献综述总共 3 篇（占总数的 6.82%）；还有 2 篇是案例研究（占总数的 4.54%）。

第四，关于认知风格在创业领域研究的分类维度方面，现有国内外研究是以直觉—分析型分类为主流。53篇国内外研究文献中剔除6篇文献综述以及7篇未明确认知风格分类维度的文献,剩下的40篇文章中有29篇运用直觉—分析型维度(占总数的72.5%),6篇运用适应—创新型维度(占总数的15%),3篇运用学习—计划—创新型维度(占总数的7.5%),1篇运用线性—非线性维度(占总数的2.5%),1篇运用理性—直觉型维度(占总数的2.5%)。

第五,认知风格在创业领域研究的主题逐步深入,且呈现多元化趋势。认知风格最早被引入创业领域就是探讨其与创业者特质的直接关系,20世纪90年代多数学者将直觉型认知风格和专家创业者特质联系起来(Allinson、Hayes,1996)。到2012年前后,仍然有学者对二者之间的关系进行探讨,只不过与先前研究不同,认为专家创业者不仅仅具备直觉型认知风格,而是表现出不同认知风格子维度之间的动态平衡(杨俊、迟考勋、李季,2015)。2007年后,学者们将研究重点转移到认知风格对创业过程要素的作用机制上,将直觉型认知风格的创业者与创业意向联系在一起,而后将研究过渡到创业机会识别阶段,认为直觉型认知风格的创业者更容易发现创业机会(Baldacchino,2013)。后续有研究聚焦于探讨认知风格和创业绩效之间的关系(Zacca、Dayan、Elbanna,2017)。

认知风格在创业领域研究主题的文献分布见表2-1所列。

表2-1 认知风格在创业领域研究主题的文献分布

研究层面	研究主题	观点	代表性文献
行为主体	创业者特质	直觉型认知风格是专家创业者的特质	Buttner 和 Gryskiewicz(1993),Allinson 和 Hayes(1996),Armstrong 和 Hird(2009)
		创业者表现出不同认知风格子维度之间的动态平衡	Groves 等人(2008),Armstrong 等人(2012),杨俊等人(2015)
		直觉型认知风格与专家创业者特质无关	Cools 和 Van Den Broeck(2007)

（续表）

研究层面	研究主题	观点	代表性文献
创业过程	创业意向	直觉型认知风格促进创业意向	Kickul 等人（2009），胡闲秋等人（2016），Brigham 等人（2007）
		质疑"直觉型认知风格促进创业意向"	Barbosa 等人（2007），Chaston 和 Sadler-Smith（2012）
		认知风格的不同子维度均会推动创业意向	Molaei 等人（2014）
	创业机会识别	直觉型认知风格的创业者有更高的创业机会识别能力	Kickul 等人（2009），Baldacchino（2013）
		质疑"直觉型认知风格的创业者有更高的创业机会识别能力"	苗青（2007）
	创业绩效	认知风格与创业绩效之间存在复杂关系	Khatri 和 Ng（2000），Zacca 等人（2017），Sadler-Smith（2004），王艳子等人（2017）

2.2.4　认知风格的分类维度及其测量

在不同的研究领域，不同学者对认知风格的分类不同，导致认知风格的分类呈现出多样化的特征。基于认知风格的内涵，Witkin 等人（1962）将认知风格分为容易被周围情境影响的场依存型认知风格和独立于周围情境的场独立型认知风格。除此之外，认知风格的分类还有思考—冲动型（Kagan，1965）、整体—部分型（Pask，1972）、适应—创新型（Kirton，1976）、直觉—分析型（Allinson、Hayes，1996）、理性—直觉型（Shiloh、Salton、Sharabi，2002）、学习—计划—创新型（Cools、Van Den Broeck，2007）等。

现有文献中，相比较于其他分类维度，直觉—分析型和适应—创新型得到了更广泛的运用（Allinson、Hayes，1996；Kickul et al.，2009）。中国学者张敬伟和李蕊（2019）也认为在创业领域主要运用的分类维度是直觉—分析型和适应—创新型。认知心理学中关于信息处理方式有两种主要观点：一种观点是单一过程观，即认为分析和直觉不是二分的，而是由一端（分析）到另一端（直觉）的一条连续的直线，个体同时具备这两种认知风格，只是各自的占比不同而已；另一种观点是双重过程观，即认为分析和直觉这两个系统是相互独立的，二者不是非此即彼的关系，而是可以同时存在、随时切换的（杨俊、迟考勋、李季，2015）。

1. 直觉—分析型

Allinson 和 Hayes（1996）在单一过程观的基础上，将认知风格分为直觉—分析型。单一过程观是心理学在个体信息处理方面的一种理论，该理论认为分析和直觉不是二分的，而是由一端（分析）到另一端（直觉）的一条连续的直线，个体同时具备这两种认知风格，只是各自的占比不同而已。Allinson 和 Hayes（1996）认为直觉型认知风格的个体处理信息是基于"感觉和整体视角的即刻判断"，分析型认知风格的个体处理信息是基于"推理并注重细节的判断"。他们推测大脑半球差异可能是认知风格差异的基础，并用直觉来描述右半脑的思维方式。直觉型认知风格往往是成功创业者的特征，他们普遍具备较高的风险承受能力，善于创新，更加积极主动，且更倾向于用开放性的思维去解决问题。Allinson 等人（2000）经研究认为，分析型认知风格是职业经理人的特征，他们善于推理判断和细节处理，高度依赖系统的调查方法，为了追求明确的目标，倾向于采用结构化的方法来解决问题。

在 Allinson 和 Hayes（1996）开发出直觉—分析型认知风格的量表之前，许多认知风格的测量方法都过于烦琐，比如基于心电图的测量，不但耗时，而且十分昂贵，无法应用于大规模的组织研究。Allinson 和 Hayes（1996）对一千多人进行访谈，开发出适合在组织情境研究中的认知风格测量方法——认知风格指数（CSI）。认知风格指数量表是专门针对管理者及专业团队进行直觉—分析维度测量的自我报告型问卷，问卷包含"倾向于严格遵守工作规定""喜欢从事有明确步骤且逻辑清晰的工作""倾向于严谨地分析问题细节"等 38 个题项，运用符合—无法确定—不符合三级量表法对直觉和分析两个维度进行测量，并且分别赋以 2 分、1 分和 0 分，分数越高的个体越倾向于分析型认知风格，分数越低的个体越倾向于直觉型认知风格。

2. 适应—创新型

Kirton（1976）基于认知风格的定义，将认知风格划分为适应—创新型认知风格。和直觉—分析型认知风格一样，Kirton（1976）认为适应—创新型认知风格不是二分的，并且二者之间没有孰优孰劣之分，只是在某些情境下，特定的认知风格类型可能更加适合。一方面，适应型认知风格的特点是精确、可靠、有效率、有规律和一致性，具有这种认知风格的个体在解决问题时，大多基于全面的理解和详细的调研，他们能够长时间做细节性的工作，且保持较高的准确性。另一方面，创新型认知风格的个体在处理问题时通常不拘泥于已有的方法，他们更倾向于另辟蹊径，创新解决方案，然而创造型认知风格的个体无法长期从事细致的工作。

为了满足实证研究的需要，Kirton 邀请了 20 位高级管理人员进行访谈，并且开发了适应—创新型认知风格的量表——Kirton 适应—创新库存量表（KAI）。该量表是单一量表，包含 32 个题项，题项内容包括"倾向于制度完善的工作环境""能在长时间的工作中保持高精确度""善于解决问题而不善于发现问题"等，单一题项分值为 5 分，得分越高的个体越倾向于创新型认知风格。

2.2.5 认知风格在创业领域的研究主题

在查阅并梳理近 30 年认知风格在创业领域应用的文献之后，笔者将认知风格在创业领域应用的文献划分为以下 4 个主题：认知风格与创业者特质、认知风格与创业意向、认知风格与创业机会识别以及认知风格与创业绩效，并对这 4 个主题进行一一评述。

1. 认知风格与创业者特质

在认知风格和创业者特质关系的研究中，学者们持有 3 种观点。第一种观点认为认知风格是区分创业者和非创业者的重要指标。20 世纪 90 年代初，Buttner 和 Gryskiewicz（1993）在研究中发现那些经营了两年或更短时间的创业者比经营了长时间（超过 8 年）的创业者更具有创新型认知风格，因此他们认为可以用创新型认知风格来区分处于创业初期和中后期的创业者。

Armstrong 和 Hird（2009）将认知风格指数问卷分别发给 81 位处于创业初期和 50 位处于创业成熟期的创业者，结果发现相对于处于创业成熟期的创业者，处于创业初期的创业者更倾向直觉型认知风格，支持了 Buttner 和 Gryskiewicz（1993）的观点。除了区分不同时期的创业者，学者还认为认知风格可以区分创业者和企业管理者（Visser、Faems，2015）。Allinson 等人（2000）将认知风格指数问卷发放到 437 位成功创业者和管理人员手中，结果发现相对于一般的管理人员，成功创业者更倾向直觉型认知风格。

第二种观点认为创业者表现出不同认知风格子维度（如直觉—分析、适应—创新）之间的动态平衡。Armstrong 等人（2012）认为在认可创业者善于运用直觉型认知风格的同时，也不应该忽视创业者可能同样重视分析。通过实证研究，有学者发现创业者具备的认知风格不是单一的。在对不同背景的 33 位职业演员、31 位会计人员以及 48 位成功创业者进行问卷调研之后，Groves 等人（2008）发现成功创业者表现出线性/非线性思维的平衡程度远高于职业演员（非线性思维主导）和会计人员（线性思维主导）。中国学者杨俊等人（2015）也支持了 Groves 等人（2008）的观点，认为创业者并不总是表现出直觉型认知风格，而是直觉和分析之间的动态平衡。事实上，人对环境具有适应性，个体会在不同情境下选择相应处理问题的方式，因此分析与直觉这两种处理信息的方式总是交织在一起。

第三类研究质疑了以上两种观点。Cools 和 Van Den Broeck（2007）观察发现创业者和医疗保健经理在创新型认知风格方面没有显著差异，但医疗保健经理在学习型和计划型认知风格方面的得分确实比创业者更高。

2. 认知风格与创业意向

具备创业意向的个人更愿意承担风险，在面对机会时会积极地从事创业活动（Cools、Van Den Broeck，2007）。随着认知风格在创业领域研究的深入，有学者认为认知风格和创业意向之间存在一定的联系（Krueger，2000）。在二者作用机制的研究中，学者们持有两种观点。第一种观点是直觉（创新）型认知风格促进创业意向。Armstrong 和 Hird（2009）在研究二者作用关系时发现，直觉型创业者表现出更高的创业意向。在认真评估了认知风格在创业自我效能感和创业意向之间的作用关系后，Kickul 等人（2009）发现直觉型认知风格的 MBA 学生在创业过程的探索阶段（即创业机会识别阶段）更倾向于进行创业活动，而分析型认知风格的 MBA 学生在创业过程的规划阶段（即准备商业计划阶段）更倾向于进行创业活动。胡闲秋等人（2016）为了构建出认知风格、性别和创业意向的研究框架，采用学习—计划—创新型认知风格维度，对中国山东省的 5 所普通高校的 1241 名大学生进行调研，结果表明具备创新型认知风格的大学生创业意向更强，而学习型和计划型认知风格的大学生与创业意向没有显著性关系。针对认知风格和创业意向之间关系的研究，有学者从退出意愿角度探讨了二者之间的关系。Brigham 等人（2007）选用认知风格指数量表，对 159 名小型高新技术企业的创业者进行分析，他们发现在结构化偏低的工作环境中，直觉型创业者比分析型创业者表现出更低的退出意愿；但是在结构化较高的工作环境中，直觉型创业者会比分析型创业者表现出更高的退出意愿。

第二类研究则质疑了"直觉（创新）型认知风格会推动创业意向"的观点。Barbosa 等人（2007）发现在风险偏好较低时，分析型认知风格的大学生比直觉型认知风格的大学生更倾向于进行创业活动。Chaston 和 Sadler-Smith（2012）在构建创业认知、创业意向和企业能力的研究框架时发现，直觉的信息处理方式与创业意向之间没有显著性关系。此外，认知风格和创业意向的关系可能更为复杂。Molaei 等人（2014）通过调研德黑兰大学行为科学和工程学院 376 名本科生来探讨认知风格和创业意向之间的关系，他们将创业想法分为创业想法内容、价值、数量以及新颖性这 4 个维度。创业想法的数量越多，创业者具有更高的创业意向，创业想法的数量是潜在创业者未来进行创业的重要参考因素。他们经过实证研究发现，直觉型认知风格可以直接影响创业想法的内容和数量，分析型认知风格会影响创业想法的数量和价值。因此，无论是直觉型认知风格还是分析型认知风格，它们都会正向影响创业者的创业意向。

3. 认知风格与创业机会识别

创业机会识别是创业过程中至关重要的一环（Baldacchino，2013）。创业者对获取的信息进行判断，想方设法从中识别出具有潜在利益的商业机会。由此可见，创业机会识别本身就是一个信息处理的过程（Gaglio、Katz，2001）。作为描述信息处理方式的心理学概念，认知风格对创业机会识别的影响作用自然受到了创业领域学者的关注。学者在研究二者作用机制时也持有两种观点。

第一种观点认为直觉（创新）型认知风格的创业者有更高的创业机会识别能力。Kickul 等人（2009）对 138 名非全日制 MBA 学生发放认知风格指数问卷，研究发现直觉型认知风格的学生对自己识别创业机会的能力更有信心，对自己评估、规划和配置资源的能力没有太大的信心。相反，分析型认知风格的学生对他们评估、规划和配置资源的能力更有信心，但对自己寻找和识别创业机会的能力却不自信。Baldacchino（2013）在认知体验自我理论的基础上，通过口语分析法发现相比于分析型认知风格的个体，直觉型认知风格的个体具备更强的创业机会识别能力。中国也有学者得出类似的结论，比如袁帅（2015）在探讨创业机会识别影响因素的研究中发现拥有创新型认知风格的创业者更愿意承担风险，更愿意寻找多种解决问题的方案，从而提高识别创业机会的成功率。

第二种观点质疑了认知风格与创业机会识别之间的影响机制。苗青（2007）从创业警觉性、认知基础以及创造型认知风格这三个层面入手，探讨创业者认知特征对创业机会识别的作用。学者在对 277 名企业家进行问卷调研后发现，具备创新型认知风格的企业家和创业机会识别无显著性关系。

4. 认知风格与创业绩效

创业的最终目的是产生经济利益，促进社会经济的发展。创业者在创业活动中会接触到大量的信息，他们如何收集、分析和处理这些信息直接影响他们如何决策，从而影响创业绩效（Sadler-Smith，2004）。目前对认知风格和创业绩效关系的研究主要是探索认知风格的不同维度（直觉—分析型以及适应—创新型）对创业绩效的作用机制。在直觉—分析型维度中，通过对美国计算机行业小企业的所有者进行问卷调查，Khatri 和 Ng（2000）探讨了直觉型认知风格和环境不稳定性（竞争、技术和政府监管）对新企业绩效的影响作用。他们发现在环境不确定性水平较高的情况下，直觉型认知风格的创业者可以促进组织绩效（财务和非财务）提升，而在稳定的环境条件下，直觉型认知风格的创业者与企业财务绩效负相关，且没有发现直觉型认知风格与企业非财务绩效之间有显著性关系。通过对两个不同行业的中小型公司所有者进行调研，Sadler-Smith（2004）将环境不确定性视为调节变量，探讨认知风格与中小型企业绩效之间的关系。研究结果发现在环境不确定性程度较高的情况下，直觉型认知风格的企业家可以促进企业销售的增长以及非财务（运营效率、公众形象、商誉以及产品或服务质量）绩效，支持了 Khatri 和 Ng（2000）的研究成果。Zacca 等人（2017）也发现直觉可以正向促进新企业绩效。在适应—创新型维度中，为了探寻企业家认知风格的不同是否会对企业成长产生影响，王艳子等人（2017）对柯达公司进行了案例研究，研究结果发现在创业的初期、成长期和转型期，拥有创新型认知风格的企业家更善于创新企业的战略方案，从而在多变的经济环境中实现企业成长。

2.2.6 现有研究的不足与未来研究的方向

笔者对认知风格在创业领域应用的文献进行一一梳理后发现，目前认知风格已经成为创业研究领域的新兴热点，引起了众多学者的关注。认知风格在创业领域应用的研究正处于从初级到兴起的过渡阶段。尽管已有研究在概念探讨、分类、测度以及与创业关键要素影响关系等方面取得了一定的成果，但依然存在以下问题需要后续研究进一步完善。认知风格在创业领域未来研究框架如图 2-1 所示。

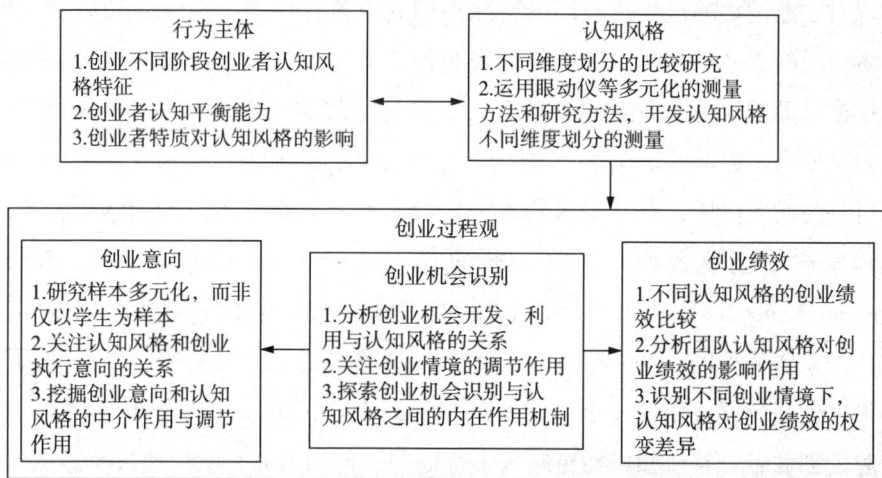

图 2-1 认知风格在创业领域未来研究框架

第一，认知风格是个体在信息处理过程中偏好的思维模式，不同的思维模式对应相应的认知风格维度。目前学者在创业研究中选取的认知风格维度主要是直觉—分析型和适应—创新型（张敬伟、李蕊，2019），此外还有少部分学者选用的是创新—计划—学习型认知风格（Cools、Van Den Broeck，2007；Cools、Van Den Broeck、Bouckenooghe，2009）。不同认知风格分类维度对应的测量量表不同，因此会导致学者对相同的研究变量进行二次研究，不但浪费研究资源，还会导致相同变量研究的结果不同，使得研究结论不一致。在未来研究中，学者应当对不同维度的认知风格进行对比研究，以统一认知风格在创业领域研究的分类维度，促使认知风格在该领域相同变量之间的研究结论达成一致。认知风格的测量方式应当进一步完善，现有的研究多采用问卷、访谈等方法来测量被试者的认知偏好，这样的归因法并不可靠，因为创业者具备直觉型认知风格并不代表他们在创业的过程中也使用了直觉的信息处理方法进行决策（龙丹、刘冰、张慧玉，2019）。因此，未来研究可以通过眼动仪、脑成像等高端技术模拟创业实践，对创业者在创业过程中使用的认知风格维度进行直接测量。

第二，在行为主体方面，Buttner 和 Gryskiewicz（1993）在研究中发现创业者在创业初期和创业中后期的认知风格是不同的，该观点给未来研究提供了新思路，即在创业过程中，创业者的认知风格是否固定不变。未来的研究可以对创业活动的过程进行细分，在不同创业阶段层面上探讨认知风格和创业者特质的关系。同时，一些研究表明创业者不一定是单向倾向于直觉型认知风格，而是表现出直觉和分析型认知风格之间的动态平衡（Groves et al.，2008；杨俊、迟考勋、李季，2015）。本研究认为创业者特质和认知风格的研究可分为两个阶段，即认知风格单一阶段和认知风格平衡阶段，越往后的研究越倾向于创业者认知风格平衡的观点（杨俊、迟考勋、李季，2015；Groves、Vance、Choi，2011）。认知风格平衡能力理论目前还缺乏相应的量表，未来研究可以专注于开发创业者认知风格平衡能力的量表，以促进认知风格在创业领域应用的发展。此外，Westhead 等（2004）认为具有丰富创业经验的创业者，其认知风格更倾向于直觉型，他们依靠直觉快速决策。然而，像 Osiyevsky 和 Dewald（2015）这样的社会认知理论学者却认为创业经验会使创业者产生思维惯性，进而形成认知刚性，使创业者更倾向于分析并使用现有资源。因此，在未来研究中，有必要进一步深入探索创业者经验的类型（创业经验、行业经验、管理经验等）、经验的多少、经验的特性（创业经验的成败、行业经验相关性、工作经验隶属型）等变量对创业者认知风格的影响。

第三，在认知风格与创业意向关系的研究中，大多数学者都将大学生或者 MBA 学生作为研究样本来探讨不同维度的认知风格对创业意向强弱的作用（Krueger，2000；Kickul et al.，2009；张敬伟、李蕊，2019）。需要注意的是，从事创业活动的个体不仅仅是学生，未来研究应当突破学生作为主要研究样本的局限性，将认知风格和创业意向的研究普及到更广泛的创业团体中去。同时，在创业意向维度方面，创业意向可以分为创业目标意向和创业执行意向，目前学者探讨的创业意向都默认为是创业目标意向，极少有研究关注创业执行意向（胡闲秋、李海垒、张文新，2016），未来应当补充认知风格和创业执行意向的相关研究。此外，大部分学者运用的都是直觉—分析型认知风格（龙丹、刘冰、张慧玉，2019），然而现有研究结果并不完全一致，未来应当进一步挖掘认知风格和创业意向的内在作用机制，进一步挖掘创业意向和认知风格之间的中介变量和调节变量。

第四，创业过程可以划分为创业机会识别、创业机会开发和创业机会利用（Sarasvathy、Dew，2005）。学者在关注创业机会识别的同时，未来研究应当完善认知风格和创业机会开发、创业机会利用的作用机制。同时，创业机会识别的过程就是创业者依据自身认知风格进行信息处理的过程（Baldacchino，2013），此认知风格和创业机会识别紧紧相连。现有研究同样也没有达成一致结论，未来研究应当进一步讨论二者之间的关系，剖析在不同情境下认知风格和创业机会识别之间的权变差异。学界存在这样的争论，创业机会是被创业者创造出来的，还是本身就存在等待被创业者发现？一方面，直觉型认知风格强调基于"整体视角"的创新能力，倾向于创造创业机会；另一方面，分析型认知风格强调基于"理性分析"的调研能力，倾向于通过分析发现创业机会。未来研究可以基于创业机会发现的不同观点，挖掘认知风格对创业机会的内在作用机制（龙丹、刘冰、张慧玉，2019）。

第五，在研究认知风格对创业绩效的影响时，学者运用直觉—分析型和适应—创新型这两种认知风格维度，通过实证研究和案例分析的方法，得出"直觉（创新）型创业者能够在不同程度上提高创业绩效"的结论（Sadler-Smith，2004；Zacca et al.，2017；Khatri、Ng，2000）。本研究认为后续研究可以将这两种不同分类的认知风格对创业绩效的影响进行对比研究，用多种方法探究二者之间的关系。同时，现有研究对象主要是探讨创业者个人认知风格对创业绩效的影响作用（Tryba、Fletcher，2020）。在团队层面的研究则比较少，未来可以探索创业团队认知风格对创业绩效的作用机制。另外，Sarasvathy 和 Dew（2005）指出，创业过程中创业者面临的情境具有奈特不确定性、目标模糊性和环境无向性。创业研究始终离不开创业情境因素，而认知风格也是个体基于情境因素对信息的处理方式（Shane、Venkataraman，2000）。认知风格和创业绩效关系的研究层次应该更进一步地加上创业情境，学者可依据"认知风格—创业情境—创业绩效"的研究模型，探究不同认知风格维度的创业者在不同情境下对创业绩效的权变差异（Siu、Lo，2013）。此外，创业活动不是一蹴而就的，而是一个长期的过程（Lichtenstein、Dooley、Lumpkin，2006），是否在所有的创业阶段直觉型认知风格都有助于创业绩效的增加？后续研究应当依据细分的创业过程，遵循"认知风格—创业阶段—创业绩效"的研究模式进行进一步的探讨，为创业者在不同创业阶段提供实践参考。

2.3　创业决策逻辑的研究现状与展望

2.3.1　创业决策逻辑的起源

决策是管理的核心。在管理型经济时代，决策过程是按照预定的流程，根据既定目标在多个方案中比选以获得"最优解"的方案。随着外部环境的快速变化，企业从追求计划、稳定性转向寻求创新、灵活性，以应对越来多的不确定性因素。管理学家彼得·德鲁克认为管理型经济将转变为创业型经济。在创业型经济时代，决策过程是在高度动态环境条件下，对创业过程中出现或潜在的机会进行识别、评估以及选择。Sarasvathy（2001）提出一种基于效果逻辑的创业决策思维，以概括创业型经济时代的决策过程。但是，Sarasvathy（2001）并没有否认传统管理决策方式的作用，她将其命名为因果逻辑，并指出因果逻辑和效果逻辑是最重要的两种决策思维模式，在不同的决策与行动环境中，二者相互交织存在，为个体在不同创业环境中如何创造新产品、新企业或新市场提供了理论框架。

因果逻辑（Causation）一词最初由哲学家 Burks 于 1977 年在其著作《机遇、因果和推理》中提出，随后被引入到管理学、经济学领域中。Sarasvathy（2001）将因果逻辑用来描述传统管理决策的方式，即从给定的目标出发，重点关注从手段中进行筛选以实现既定目标的过程。这些手段不仅仅包括现有的手段，还包括那些新的手段。因果逻辑主要基于古典经济学理论，假定经济决策主体在决策过程中能获取有关决策的所有相关信息，在对这些信息系统分析后可以找到最优的决策方案，通过合理组合资源，最终实现利益的最大化。因果逻辑的核心问题在于需要什么资源以实现预定目标（Sarasvathy、Dew，2005）。因果逻辑假设市场中机会已经存在，可以被具有敏锐眼光的创业者所发现（Casson、Wadeson，2007）。遵循因果逻辑决策的创业者（此后简称因果逻辑创业者）可以在市场中评估和识别预期回报最高的机会，通过充分的市场调研与竞争性分析，尽可能地避免意外事件并选择最佳的资源组合以实现既定目标（Casson、Wadeson，2007；Brettel、Mauer、Engelen，2012）。

因果逻辑的适用情境是一个稳定的市场环境，其高度依赖决策信息的可获得性与预测性。但是在创业过程中，创业情境具有较高的环境不确定性，创业者难以获得决策的相关信息并且很难对未来进行预测，这使得因果逻辑的有效性受到了质疑。针对这一问题，Simon（1959）在心理学研究的基础上，提出了有限理性人的假设，即在特定情境下个体在决策过程中无法获取决策的所有信息，也无法判断出所有可能出现的结果，只能表现为有限理性。由于受到个体自身心理和生理机制的约束，以及个体特质、知识水平差异的影响，个体无法选到"最优"的方案，但可以选择令自己"满意"的方案（Simon，1973）。

西蒙的有限理性决策理论启发了 Sarasvathy 对于奈特不确定性条件下创业决策问题的思考。奈特（1921）根据事件未来发生的概率与可知程度将不确定性分为 3 类：风险、不确定性、奈特不确定性。在风险条件下，决策者可以采用系统地信息收集与分析的决策方式，获取方案的可能结果与发生概率，根据预期回报最大的原则选择"最优"的方案，通过有效的资源组合，以实现利益最大化。在不确定性条件下，决策者可以使用类似于贝叶斯估计的方法，通过不断的试验和反复学习收集尽可能多的信息来对方案发生的概率进行估计，进而预测未来。在此过程中，决策者可以通过学习不断积累经验来优化自己的决策（Sarasvathy、Dew，2005）。然而，在奈特不确定性条件下，决策者既不知道决策可能会产生哪些结果，也不知道这些结果发生的概率。决策者面临着无从决策的尴尬处境。创业过程本质上是创业者在奈特不确定性情境中进行决策，创业者无法确定市场未来的状态以及各种状态可能引发的结果。

基于有限理性决策理论与奈特不确定性理论，并融合西方实用主义哲学思想，Sarasvathy（2001）开创性地提出了效果逻辑理论。不同于因果逻辑，效果逻辑认为未来不可预测，但能在一定程度上控制未来（Read et al.，2009）。效果逻辑从一组给定的手段出发，关注这组手段创造出来的各种可能的结果。创业者可以与身边的人积极互动，得到他们的承诺，以此增加获取资源的渠道（Sarasvathy，2008）。同时，创业者倾向于将市场中遇到的意外事件及时转化为可利用的机会，在可承受损失的基础上，使用身边现有的资源来创造出更好的结果（Vahlne、Johanson，2017）。效果逻辑颠覆了传统管理学和经济学假设，为创业情境下创业决策提供了崭新的视角，对促进创业决策研究有着重要启示。

2.3.2　创业决策逻辑的决策过程

两种创业决策逻辑在决策过程方面存在一些差异。因果逻辑假定未来是过去的延续，以适应环境的变化（Werhahn et al.，2015；Wiltbank et al.，

2006）。因此，因果逻辑是一种基于预测的决策模型，这种决策模型的决策过程始于创业者通过自身创业警觉性从环境中识别可以形成新产品、新企业或新市场的机会，然后对识别到的机会进行市场调研和竞争性分析，制订出商业计划，通过获取实施该计划所需的资源并联系利益相关者以推动创业过程。此外，由于创业环境不断变化，创业者需要做出相应的调整，以保持企业的核心竞争力。基于因果逻辑的创业决策过程如图 2-2 所示。

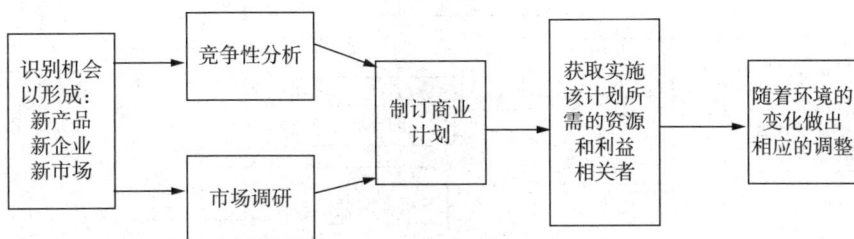

图 2-2　基于因果逻辑的创业决策过程

资料来源：Gartner（1985）

效果逻辑注重对现有状态的控制，而不是通过计划对未来加以预测（Sarasvathy，2001）。遵循效果逻辑决策的创业者认为在创业初始无法确定一个明确的目标，但可以对现有的手段和资源进行整合，以此创造出各种可能的结果，并在可达到的结果中选择最令人满意的结果。因此，效果逻辑的创业决策过程始于创业者对自身手段的审视，这些手段包括"我是谁""我知晓什么"与"我认识谁"。创业者通过一系列既有手段采取有效的行动，并积极地与认识的人进行互动。当创业者与其他人互动时，行动就开始了。创业者会和与他互动的人一起决定各种可能性。这种互动有时候会产生一个想法，创业者可以将这个想法作为临时目标。有时候这种互动仅仅出于"我能做什么"。不管怎样，这种互动会在没有取得相关利益者预先承诺的情况下终止。在这种情况下，创业者所设想的创业机会将被搁置。但如果这种互动有利益相关者的预先承诺，那么创业过程将继续进行下去，并产生新的手段和新的目标。在这个过程的任何时候，意想不到的事件、信息等都可能使创业过程的环境发生变化。这种环境变化会为创业决策过程带来两个循环，分别是资源拓展循环和目标约束收敛循环。资源拓展循环指创业者可以通过新手段和新资源重复之前的决策过程，与更多的利益相关者达成战略联盟来获取更多的扩大创业可能性的手段和资源。目标约束收敛循环指在约束和限制越来越多的情形下，创业目标也会越来越清晰，会让企业朝着更具体的方向发展，例如形成新企业、新产品或新市场（Sarasvathy，2003）。基于效果逻辑的创业决策过程如图2-3所示。

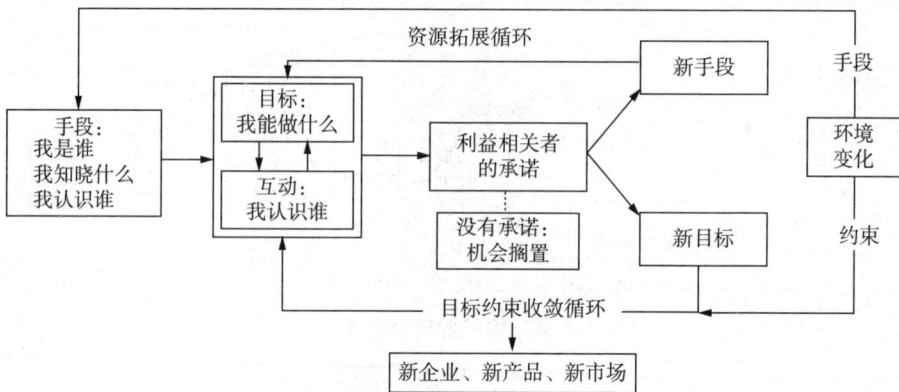

图2-3　基于效果逻辑的创业决策过程

资料来源：http：//www.effectuation.org

2.3.3　创业决策逻辑的差异

对于创业行动的指导，两种创业决策逻辑存在着差异。因果逻辑体现的是经典的管理学思维，起始于一个明确的目标。在这种情况下，创业者需要做的就是寻找实现目标的各种手段、资源，并依靠系统地信息收集和分析以实现对未来的预测。效果逻辑的行动思维正好与之相反，一开始并没有明确的目标，它起始于一组既有的手段，通过不同的手段组合形成不同的结果，进而在一定程度上对未来加以控制。很多情况下最终的结果是创业者在创业之初都无法预料的。通常创业者在创业之初只有一些模糊的愿望，比如为了财富，未来成为企业家，为了更好的生活，或者仅仅是想实现自己的创意。这些模糊的东西导致创业者很难对未来进行预测（Sarasvathy，2003）。因果逻辑与效果逻辑的对比如图2-4所示。

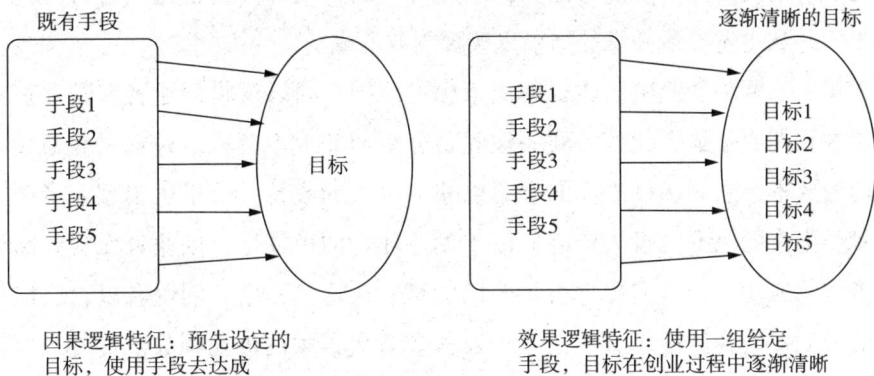

图 2-4 因果逻辑与效果逻辑的对比

资料来源：根据 http://www.effectuation.org 整理

本研究将从前提条件、决策标准、对待利益相关者的看法、应对意外事件的方法以及对待未来的态度等 5 个方面阐述这两种创业决策逻辑在创业过程中的差异，见表 2-2 所列。

表 2-2 创业决策逻辑的差异

	因果逻辑	效果逻辑
前提条件	目标导向	手段导向
决策标准	预期收益最大化	可承受损失
对待利益相关者的看法	强调竞争，建立竞争优势	强调合作，建立战略联盟
应对意外事件的方法	消极应对：意外事件是在计划之外，应当避免	积极应对：意外事件是新的机遇
对待未来的态度	预测未来	控制未来

资料来源：Read & Sarasvathy（2005）

第一，两种创业决策逻辑的前提条件不同。因果逻辑的前提条件是目标导向，侧重在创业初始确定一个明确的目标，创业者需要关注的是如何获取手段、资源以实现这个预定目标。创业者通过市场调研收集相关的信息，在对信息进行充分分析后制订出商业计划，在此基础上通过有效地搜索、分配和利用资源以达成预定目标。同时，在创业活动偏离计划时需采取相应的补救措施，以最大限度地完成目标。效果逻辑的前提条件是手段导向，创业者并没有清晰的目标，主要关注如何利用现有的手段和资源创造出各种可能的结果，并从中选择最满意的结果以实现创业的成功。

第二，两种创业决策逻辑的决策标准不同。因果逻辑创业者在创业过程中追求预期收益最大化，主要关注收益分析而非成本分析，并根据收益投入相应的成本，强调选择最优的方案以获取最大的收益。效果逻辑创业者则在可承受损失的范围内投入资源。由于创业环境的模糊性，创业者无法判断创业进程的成功与否，需要进行不断的尝试。在这过程中，创业者以自己能接受的最大损失为基准，避免由于创业失败造成重大的创业损失。此外，即使创业没有成功，创业者也能从创业失败中吸取经验，并有能力再次投入资源以获得创业的成功。

第三，两种创业决策逻辑在对待利益相关者方面有所不同。因果逻辑强调竞争，认为市场上不同企业之间的发展是一场"零和博弈"游戏。创业者运用波特五力分析法、波士顿矩阵分析法等方法建立起企业的竞争优势，以促进企业的发展。效果逻辑强调合作，侧重与利益相关者建立战略联盟关系，并获取他们的预先承诺。创业者在创业之初没有预先确定的市场，他们不知道竞争对手是谁，所以详细的竞争分析没有任何价值。与利益相关者之间的合作有助于减少企业早期阶段的不确定性，降低企业失败风险，并可以为创业者带来更多的资源，以实现创业成功。

第四，两种创业决策逻辑在处理意外事件的方法方面有所差异。因果逻辑认为意外事件偏离了计划安排，会使计划朝着不可控的方向发展，从而导致不能完成既定目标。因此，因果逻辑创业者习惯于规避意外事件，以保证计划有序进行。效果逻辑将意外事件视为新的机遇。由于内外部环境的不稳定，企业的创业初期会产生许多的意外事件，创业者不仅要学会与这些突发状况打交道，还要从中发现和利用机会。如果创业者运用灵活多变的思维应对这些意外事件，那么这些意外事件很有可能成为创业成功的契机。

第五，两种创业决策逻辑在对待未来的态度上有所区别。因果逻辑强调对未来的预测。基于理性人假设，因果逻辑创业者可以通过系统地收集和分析决策的有关信息，进而对未来加以预测。效果逻辑不强调预测未来，而关注在一定程度上控制未来。创业过程中的奈特不确定性使得未来难以预测。

因此，创业者不需要关注如何预测未来，他们需要思考的是在既有手段和想象的目标下，可以做什么。

2.3.4　创业决策逻辑的协同效应

在创业决策逻辑研究的早期阶段，学者们将两种创业决策逻辑视为对立面，并采用二分法对差异性进行比较。研究认为两种创业决策逻辑在问题界定、解决过程、决策标准和前提条件等方面存在差异（Read、Song、Smit，2009；DeTienne、Chandler，2010；张玉利、赵都敏，2008；张玉利、田新、王瑞，2011；赵都敏，2013）。在这一时期，学者们主要关注这种差异性如何体现在创业者对不同策略的制定与选择方面。Read、Song 和 Smit（2009）通过有声思维法，从营销策略的制定方面分析了两种创业决策逻辑的差异。研究结果表明因果逻辑创业者倾向于运用市场调研、竞争性分析来制定营销策略，效果逻辑创业者则更有可能采用分析现有手段、与利益相关者积极合作互动的方式来制定营销策略。DeTienne 和 Chandler（2010）发现在新企业退出策略上这两种创业决策逻辑也有所差异。在创业失败时，因果逻辑创业者更有可能使用 IPO 退出策略，而非破产清算退出策略；效果逻辑创业者的可承受损失能力越强，灵活性越低，越倾向于使用破产清算退出策略。

因果逻辑和效果逻辑并非完全对立，它们并不是一个连续体的两端（Perry、Chandler、Markova，2012；Gupta et al.，2016）。Sarasvathy（2001）指出"因果逻辑和效果逻辑都是人类逻辑推理的组成部分，它们可以同时发生，在不同的决策和行动背景下相互重叠、相互交织"。Witbank 等人（2006）对创业决策逻辑的协同关系做了描述，即因果逻辑与效果逻辑交替或同时作用于决策活动，并在时间与空间两种维度上呈现出正交关系。Chandler 等人（2011）的研究结果验证了这种协同效应，他们以 111 家新企业为调研对象，研究结果显示效果逻辑是一个形成性构念，包含试验、可承受损失、灵活性和先前承诺 4 个子维度。其中，因果逻辑和效果逻辑共同包含预先承诺这一子维度。在创业过程中，因果逻辑和效果逻辑也不存在谁比谁更有效，而是选择一个合适方式的过程（Chandler et al.，2011）。Galkina 等人（2015）

通过对 7 家来自芬兰的已进行国际化经营的中小企业的研究分析后发现，中小企业在进行国际化过程中并不完全遵从效果逻辑策略，将因果逻辑和效果逻辑平衡使用更适用于企业进入外国市场的早期和不确定性阶段。

2.3.5　创业决策逻辑的研究主题

自 Sarasvathy（2001）最先区分两种决策逻辑以来，因其开辟了创业决策领域的新视角而引起国内外众多学者关注，进而在理论上取得了丰硕的成果（Brettel et al.，2012；Wiltbank et al.，2009；Smolka et al.，2018；Meuleman et al.，2010）。早期学者们主要确定这两种创业决策逻辑的维度，比较二者的差异，后续学者们研究二者与创业绩效的关系以及探究何种因素会影响这两种创业决策逻辑（DeTienne、Chandler，2010；Arend、Sarooghi、Burkemper，2015；Laskovaia et al.，2018；Welter、Kim，2018）。

1. 创业决策逻辑的测量维度研究

最初学者们主要从概念上分析两种创业决策逻辑的差异性，并确定二者的维度。先前研究者通常认为效果逻辑是一个多维构念，但对于因果逻辑是单维还是多维构念有不同的观点。两种创业决策逻辑的划分维度见表 2-3 所列。Sarasvathy（2001）最先提出了效果逻辑，并详细阐述了基于效果逻辑的创业者应当注意的 5 个原则：手段导向、可承受损失、战略联盟、利用意外事件以及控制不可预测的未来。因此，虽然在不同的研究情境下，学者们对创业决策逻辑的维度分析有不同的侧重，但基本上都围绕这 5 个原则。Chandler 等人（2007）基于 180 家新企业的探索性研究以及 196 家新企业的进一步研究，结果表明因果逻辑是一个定义明确且一致的决策逻辑，可以看作是一个单维结构。但在将效果逻辑分为 5 个子维度（试验、可承受损失、灵活性、先前承诺、合作）时发现，并不能解释效果逻辑。随后，Chandler 等人（2011）对两组不同时段的企业数据进行深入分析，研究显示因果逻辑是一个单维构念，而效果逻辑是一个由 4 个子维度（试验、可承受损失、灵活性、先前承诺）构成的多维构念。

Read 等人（2009）基于元分析方法，研究结果显示效果逻辑由 5 个子维度构成：设计、既有手段、可承受损失、合作以及利用意外事件。Mauer 等人（2010）利用创业动态跟踪调查项目数据（PSED），得出了相同的结论。Brettel 等人（2012）基于 123 个研发项目的研究结果表明，效果逻辑由手段导向、可承受损失、强调合作以及利用意外事件等 4 个维度构成。不同于Chandler 等人（2011）认为因果逻辑是一个单维构念，Brettel 等人（2012）发现因果逻辑与效果逻辑相对应，同样包含 4 个维度：目标导向、预期回报、竞争分析以及避免意外事件。Schmidt 和 Heidenreich（2018）利用 73 个天使投资项目数据，研究发现因果逻辑与效果逻辑都是多维构念，均分别包含 4个维度。

表 2-3　两种创业决策逻辑的划分维度

学者（年代）	因果逻辑	效果逻辑
Read 等人（2009）	单一维度	设计、既有手段、可承受损失、合作、利用意外事件
Mauer 等人（2010）	单一维度	设计、既有手段、可承受损失、合作、利用意外事件
Chandler 等人（2011）	单一维度	试验、可承受损失、灵活性、先前承诺
Brettel 等人（2012）	目标导向、预期回报、竞争分析、避免意外事件	手段导向、可承受损失、强调合作、利用意外事件
Schmidt 和 Heidenreich（2018）	目标导向、预期回报、竞争分析、避免意外事件	手段导向、可承受损失、强调合作、利用意外事件

2. 创业决策逻辑对创业绩效的影响研究

随着创业决策逻辑研究的深入，学者们将研究兴趣转移到其对新企业绩效的影响方面，学者们开展案例研究和实证研究探讨创业决策逻辑和新企业绩效之间的关系，主要形成了 3 个观点。

一是充分肯定了效果逻辑对新企业绩效的推动作用。例如，Müller（2010）对 6 家新企业进行了案例研究后发现，在创业不确定情境下，使用效果逻辑的创业者更善于利用创业机会，并能够取得较好的创业业绩。但是由于样本较少，因此研究结论普适性较低。为了弥补案例研究存在的不足，Read 等人（2009）以 9897 个新企业为样本进行定量分析，他们利用元分析得出的结果有所不同，表明效果逻辑和创业绩效之间存在关系，即除了可承受损失与创业绩效之间关系不显著以外，既有手段、合作伙伴关系、利用意外事件三者均与创业绩效之间显著正相关。

二是认为效果逻辑和因果逻辑对新企业绩效均有促进作用。如 Guo 等人（2016）以中国网络企业为研究对象，经实证研究发现，效果逻辑和因果逻辑都会正向影响网络新企业的成长。效果逻辑通过开创性资源捆绑来影响网络新企业的成长，因果逻辑通过稳定性资源捆绑来推动网络新企业的成长。

三是强调创业决策逻辑的适用情境，如环境不确定性。Sarasvathy 和 Kotha（2001）使用案例分析法深入研究了 RealNetworks 创始人的创业过程，得出了"面对奈特不确定性时，创业者更多使用效果逻辑而非因果逻辑"的结论。Harmeling 等人（2004）同样使用案例分析法证明了这一观点。案例来自克罗地亚一所大学研究生创业项目。论文通过分析案例，发现创业者在不确定性和目标模糊性比较高的创业阶段比较倾向于使用效果逻辑。创业初期阶段较多使用效果逻辑，随着创业的不确定性和目标模糊性的减少，创业者会逐渐偏向使用因果逻辑。此外，Garonne、Davidsson 和 Steffens（2010）基于 CAUSEE（新企业创业综合研究）项目数据，采用分层研究方法考察了效果逻辑对新企业创建的作用机制，发现效果逻辑决策对新企业成长绩效具有显著的推动作用，并且在高度不确定环境下，新企业采用效果逻辑的创业绩效要明显高于因果逻辑。

3. 创业决策逻辑的影响因素

随着创业决策逻辑研究的深入，有学者开始关注创业决策逻辑前置因素的探讨，这些研究主要集中在创业者自身（创业经验、心理因素）和环境不确定性两个方面。

基于创业者角度，学者们从创业者的创业经验和心理因素展开研究。在2012 年以前，研究认为经验能有效影响创业者的决策方式，创业经验是区别专家型创业者和新生创业者的最显著特征。因此，学者们聚焦于探讨创业经验对创业决策逻辑选择的差异。大多数研究认为创业经验会促进创业者运用效果逻辑，而非因果逻辑。Dew、Read、Sarasvathy 和 Wiltbank（2009）通过有声思维法，研究发现了创业经验丰富的专家创业者在决策过程中更有可能采用效果逻辑，而缺乏经验的 MBA 学生则倾向于使用因果逻辑的决策方式。

Harms 和 Schiele（2012）考察了国际创业背景下创业者经验对效果逻辑决策的影响，研究结果表明国际创业经验越丰富，创业者越有可能使用效果逻辑进行决策。然而，Hindle 和 Senderovitz（2010）的研究结果质疑了这一结论，基于对 22 家新企业的案例研究，发现了专家创业者在决策过程中更倾向于使用因果逻辑。此外，Müller（2010）对 6 家企业进行案例研究分析后发现，拥有丰富创业经验的创业者会更有可能运用效果逻辑，但缺乏经验的创业者则更倾向于同时运用因果逻辑和效果逻辑，而非单一的决策逻辑。由于创业经验对创业决策逻辑选择的差异无法形成一个统一的结论，有学者开始探讨创业者心理因素对创业决策逻辑的影响。

学者们探讨创业者心理因素对创业决策逻辑影响的研究主要包括自我效能感、创业激情以及乐观主义和认知风格等方面。Zhang 等人（2018）以中美两国创业者作为调研对象，实证研究了自我效能感、乐观主义、换位思考对效果逻辑决策的影响。具体而言，自我效能感正向促进中美两国创业者同时运用因果逻辑、效果逻辑，美国创业者的换位思考能力与因果逻辑和效果逻辑呈正相关关系，中国创业者的换位思考能力仅仅促进对效果逻辑的运用，对因果逻辑的运用没有显著影响。创业者的乐观主义负向影响美国创业者对因果逻辑的使用。

此外，有学者研究了创业者心理因素组合的作用。Stroe 等人（2018）使用 fsQCA 方法研究了创业激情、自我效能感和风险感知三者不同的组合方式对创业决策逻辑的影响，基于对 50 名新生创业者的实证研究，结果显示三者的组合能促进创业者在决策过程中同时采用因果逻辑和效果逻辑。崔连广等人（2020）基于 60 份中国创业者样本数据，研究结果表明自我效能感、乐观主义、创业激情以及换位思考的不同组合对创业决策逻辑有不同的影响。其中，如果创业者缺乏乐观主义以及创业激情，他们会倾向于运用因果逻辑的决策方式；乐观主义、自我效能感和创业激情三者的组合，以及乐观主义和换位思考的组合搭配都会促进创业者运用效果逻辑。

从环境不确定性方面来说，大多数研究认为在环境不确定性条件下创业者会更有可能运用效果逻辑，而减少因果逻辑的运用。Read 等人（2009）通过元分析的方法对 *Journal of Business Venturing* 期刊上的文献进行分析，研究发现环境不确定性的程度越高，创业经验丰富的创业者更有可能采用效果逻辑来对市场营销过程进行决策。Reymen 等人（2015）对 9 家科技型公司在企业创建过程中的战略决策采用纵向过程研究，研究发现当企业感知到的环境不确定性程度越高时，会扩大搜索范围，并寻求其他的方式以应对这种较高的环境不确定性，此时企业更倾向于采用效果逻辑决策。然而，Meuleman 等人（2010）研究发现技术不确定性与市场不确定性能够促进创业者采用因果逻辑的决策方式。环境不确定性与创业决策逻辑之间可能有更复杂的关联机制，学者对此进行了更深层次的研究。Jiang 和 Tornikoski（2019）将创业者感知到的不确定性分为 3 种类型，基于 4 家中国新企业的纵向访谈研究，结果发现创业者会随着时间变化运用不同的创业决策逻辑。在第一阶段，创业者没有感知到不确定性，他们倾向于采用因果逻辑；在第二阶段，创业者从意外事件中感知到不确定性，此时他们会更有可能运用效果逻辑；在第三阶段，创业者会感知到 3 种类型的不确定性，为了应对这些不确定性，创业者会在决策过程中同时灵活地使用因果逻辑与效果逻辑；在第四阶段，创业者感知的不确定性程度逐渐降低，此时创业者又会倾向于运用因果逻辑。

2.3.6 创业决策逻辑未来的研究方向

笔者综合以上文献分析发现，在创业研究从过程观转向认知视角的背景下，解析创业者认知理性和决策规律的研究蓬勃发展，创业行为过程中创业决策规律研究进一步深化，但还有以下问题亟待进一步解决：

第一，在认知风格和创业情境怎样的匹配关系下，才能制定出更有效的创业决策。为了探索创业决策的内在规律，学者们从不同角度分析了哪些因素影响创业决策逻辑，但常常从一些外显性特征切入，如经验（Hindle、Senderovitz，2010）、社会资本（Meuleman et al.，2010）、资源灵活性（Costa，2010），但忽视了创业者思维与决策之间更为直接的关系（Mitchell et al.，2007），尤其是忽视了影响创业决策逻辑最直接、最本源的因素——创业情境特殊性诱发的独特思维和认知过程（Venkataraman et al.，2012）。认知风格是个体搜集、处理和评估解决问题相关信息偏好的方式，对决策有着至关重要的影响。因此，要理清创业决策逻辑的科学规律，就必须构建认知风格和创业情境的相互匹配关系，分析认知风格和创业情境不同匹配关系下，创业者如何制定创业决策更有效。

第二，创业决策逻辑如何影响创业绩效的内在机制。创业决策过程常常与创业行为的实施紧密相连（Roach et al.，2016），并且已有研究表明创业决策逻辑与创业绩效之间并非直接作用关系（Guo et al.，2016）。因此，要揭开创业决策逻辑与创业绩效作用关系的"黑箱"，有必要深入到行为层面挖掘创业决策逻辑影响创业行为实施进而影响创业绩效的作用机制，在理论层面深化对创业决策内在规律的认识。

第三，在不同的情境下，哪种创业决策逻辑更能有效提高创业绩效。创业决策的根本目的在于提高绩效。然而，关于创业决策逻辑与创业绩效之间的关系一直存在争议（Müller，2010；Guo et al.，2016）。忽视创业情境作为新企业生存与成长的载体所发挥的约束作用，只强调创业决策逻辑对创业绩效的直接作用是造成这一争议的重要原因（Arend et al.，2015）。因此，关注不同创业情境下，创业决策逻辑与创业绩效之间的权变差异，识别不同创业情境下相对有效的创业决策逻辑，回答"在既定环境下，什么样的创业决策逻辑更可能成功"这一问题，有利于启发学者们重视创业决策逻辑的情境因素，理性认识创业决策逻辑在创业过程中的影响作用。

2.4　创业决策逻辑对新企业绩效影响的研究综述

2.4.1　引言

创业过程中，创业者需要制定一系列的创业决策，如机会识别和评估、资源整合、团队组建，创业决策的有效性直接影响创业成败（Franco、Haase，2010；Maine et al.，2015）。近十几年来，创业决策逻辑是否影响新企业绩效一直是学术界争论的热点问题。虽然学者们为此做了大量的探索，但是却没有达成统一的看法（Read、Song、Smit，2009；Smolka et al.，2018）。

有学者认为不应该简单地关注创业决策逻辑是否影响新企业绩效，而应当结合情境因素展开探讨，分析情境因素在其中发挥的作用以及是否会对创业决策逻辑的实施效果产生影响（Welter、Kim，2018；Whalen、Holloway，2012）。还有一部分学者从创业决策逻辑对新企业绩效影响的内在作用机制这一角度展开研究，认为创业决策逻辑可能不是直接作用于新企业绩效，而是通过某种方式或某种途径影响新企业绩效（Guo et al.，2016；Szambelan、Jiang，2018）。此外，还有部分学者将创业决策逻辑理论的应用范围进行拓展，用于其他研究领域，比如企业内部研发项目（Brettel et al.，2012；Ortega et al.，2017）、天使投资者的投资行为（Wiltbank et al.，2009）、国际化进程（Evers et al.，2012；Mort、Weerawardena，2012；Fletcher、Andersson，2011；Sarasvathy et al.，2014）等。

理清创业决策逻辑对新企业绩效的影响作用，对于挖掘创业决策逻辑的内在规律，解析"创业绩效差异来自哪里"等创业领域本质性问题，扩充创业理论研究边界、为创业实践提供科学指导具有重要意义。

因此，本研究通过梳理现有的文献资料，聚焦创业决策逻辑的实施结果，从创业决策逻辑对新企业绩效的直接影响、情境因素在创业决策逻辑与新企业绩效间的作用以及创业决策逻辑影响新企业绩效的内在作用机制3方面进行评述，分析已有研究的不足之处，指出未来的研究方向，以期推动创业决策逻辑理论体系的构建。

2.4.2 创业决策逻辑与新企业绩效关系的主要研究方法

笔者以"Effectual+New Venture""Effectuation+New Venture""Effectual+Small Business""Effectuation+Small Business"为关键词，在 EBSCO 系列数据库中进行穷举式检索。然后，笔者通过分别阅读每篇论文的摘要和全文，剔除只提及创业决策逻辑概念、内涵、测量或前因等问题进行讨论的文献，最终整理出40篇与创业决策逻辑和新企业绩效关系有关的文献，并以此为研究对象。这 40 篇文献分布于 2009—2019 年，时间跨度为 11 年。从发表时间来看，创业决策逻辑与新企业绩效关系的研究总体上呈增加趋势，正逐渐成为创业管理的重要议题。从研究方法来看，创业决策逻辑与新企业绩效关系的相关研究方法大致经历了 3 个发展阶段。

第一阶段（2011 年以前）主要采用元分析或者利用已有数据库获取二手数据进行探索性研究。在这一阶段中，大部分创业决策逻辑研究主要是进行理论分析，讨论效果逻辑和因果逻辑的区别、探索效果逻辑和因果逻辑的测度（Sarasvathy，2001；Read、Sarasvathy，2005；Wiltbank et al.，2006），少数文章从不同的角度研究了创业决策逻辑对新企业绩效的影响，但这些研究比较分散，呈碎片化分布，没有很好地形成有说服力的解释逻辑。比如 Read、Song 和 Smit（2009）通过元分析的方法对 *Journal of Business Venturing* 期刊上的文献进行分析，证实既有手段、合作伙伴、利用意外事件对新企业绩效具有积极影响，而可承受损失对新企业绩效没有影响，但是元分析的研究方法不具有普适性，无法用于检验创业活动中创业者决策逻辑与新企业绩效的关系。随后，Forster 和 York（2009）利用创业动态跟踪研究（PSED）数据库获取的相关研究数据，发现效果逻辑有利于增加首次创业成功的机会。Garonne 等人（2010）基于澳大利亚综合创业研究（CAUSEE）数据库的有关数据，发现效果逻辑有利于新企业更快进入运营阶段。

第二阶段（2012—2016 年）主要采用案例分析法和问卷调查法。一方面，学者通过案例研究来定性分析创业决策逻辑对新企业不同方面绩效的影响。Galkina 和 Sylvie（2015）对来自芬兰的 7 家已进行国际化经营的中小企业进行了案例研究后发现，将效果逻辑和因果逻辑平衡使用更适用于进入外国市场的早期和不确定性阶段。另一方面，随着 Chandler 等人（2011）和 Brettel 等人（2012）效果逻辑量表的开发，定量研究的数量大大增加。例如，Mckelvie 等人（2013）以 196 家美国塑料生产、软件包装行业的新企业为研究对象，参照 Chandler 等人（2011）提出的效果逻辑量表，研究结果发现效果逻辑的不同维度对结果有不同影响且大部分都是积极影响。其中，预先承诺对长期财务绩效有积极作用；因果逻辑对短期财务绩效有积极作用。Brettel 等人（2012）进一步完善了创业决策逻辑的测量，随后运用实证研究分析创业决策逻辑与新企业绩效关系的研究呈现井喷式增长。例如，Appelhoff 等人（2016）以德国 141 家风险投资行业的新企业为调研对象，研究创业决策逻辑对创业者与风险投资人之间任务冲突的影响，结果表明使用因果逻辑的竞争分析原则的创业者与投资者之间有更高的任务冲突，使用效果逻辑的可承受损失原则的创业者与投资者之间会有更低的任务冲突。

第三阶段（2017 年至今）是研究方法多样化的阶段。问卷调查法和案例研究法有很大的局限性，因此，有一些学者尝试使用新的研究方法，如模拟法和 QCA 分析法（定性比较分析法），为了解创业过程提供了一个宝贵窗口。例如，Mauer 等人（2018）构建了一个基于代理的模拟模型，研究基于预测策略和控制策略的搜索过程对企业绩效的影响，结果表明在环境稳定时，预测搜索比控制搜索效果更好，而当环境不确定和目标模糊时，控制搜索效果则更好一些。Welter 和 Kim（2018）借助 Kaffman 教授提出的 NK 模型，探究在不确定性和风险程度不一样的情况下，创业决策逻辑对新企业绩效的影响。研究得出以下结论：当环境不确定性、风险的可预测程度大于 75% 时，使用因果逻辑有利于提高新企业绩效。未来不确定性程度或风险不可预测时，使用效果逻辑对提高新企业绩效具有绝对优势。此外，在创业研究领域中，研究对象往往涉及多个案例，QCA 分析法能够有效、系统地处理多案例比较的研究数据，因此能够很好地运用到创业研究领域中。An 等人（2020）使用 QCA 分析法针对不同规模的新企业在不同发展阶段中，发现了因果逻辑、效果逻辑以及拼凑理论影响新企业增长的 3 条路径。

2.4.3　创业决策逻辑与新企业绩效关系的研究现状

效果逻辑自提出至今只有短短十几年，但其因开辟了创业决策领域的新视角而引起国内外众多学者对创业决策逻辑的关注。目前，学者们针对创业决策逻辑已经进行了概念研究和实验研究、案例研究、实证研究等工作，早期创业决策逻辑主要集中讨论因果逻辑和效果逻辑的维度、因果逻辑与效果逻辑决策的差异，而目前实证研究逐渐成为主流。

随着创业决策逻辑研究的深入，将研究兴趣转移到其对新企业绩效的影响方面，学者们开展案例研究和实证研究探讨创业决策逻辑和新企业绩效之间的关系，主要分为 3 类：创业决策逻辑对新企业绩效直接作用的研究、创业决策逻辑对新企业绩效关系的调节作用研究、创业决策逻辑对新企业绩效关系的中介作用研究，研究的现状如图 2-5 所示。

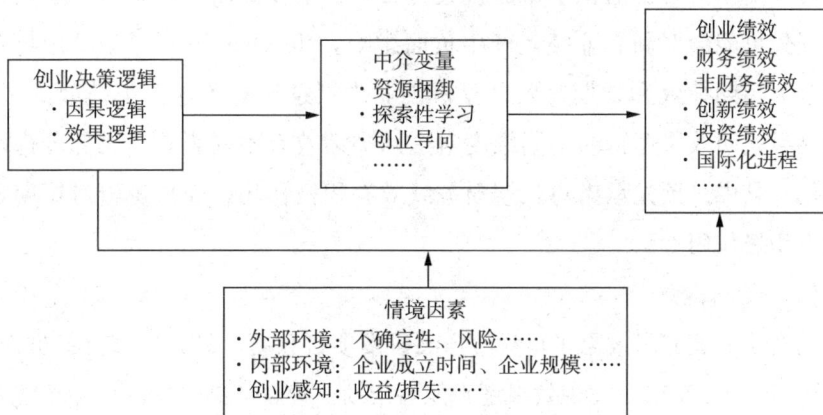

图 2-5　创业决策逻辑与企业绩效关系研究现状

1. 创业决策逻辑对新企业绩效直接作用的研究

随着创业决策逻辑理论研究的深入，学者们从不同的视角开展定性研究和定量研究来探讨创业决策逻辑对企业绩效的影响。笔者通过对现有文献的梳理，从一般绩效、创新、投资以及国际化等 4 个视角研究创业决策逻辑的直接作用。

（1）一般绩效视角

学者们主要从财务、非财务绩效出发，将这两类绩效结合起来作为新企业总体绩效来研究创业决策逻辑对其产生的影响，大部分研究表明创业决策逻辑对这两类绩效均有积极作用。例如，Forster 和 York（2009）基于 PSED 数据库选取 817 个初次创业者的调研数据，研究结果表明效果逻辑的子维度手段导向对新企业绩效有部分积极作用，合作原则对新企业绩效，尤其是财务绩效有积极作用，而因果逻辑则有消极作用。Roach 等人（2016）以 169 家美国电子产品制造业的中小企业为研究对象，研究结果表明可承受损失对新企业绩效具有积极影响。

还有部分学者持有不同的观点，他们认为创业决策逻辑并非总是能改善新企业绩效。例如，Smolka 等人（2018）基于 Global University Entrepreneurial Spirit Students' Survey（GUESSS）数据库中来自 25 个国家的 1453 位大学生创业者调查问卷数据，发现可承受损失对新企业绩效具有消极作用。他们认为使用可承受损失的价值在于避免损失，而不在于提高新企业绩效，这使得可承受损失可能会对新企业绩效产生负面影响。Mckelvie 等人（2013）将企业绩效分为短期绩效和长期绩效，分析创业决策逻辑对于这两类绩效的影响，研究结果表明效果逻辑的不同维度对这两类绩效有不同影响，大部分都是积极作用。其中，预先承诺对长期财务绩效有积极作用，因果逻辑对短期财务绩效有积极作用。

（2）创新视角

已有研究证实了效果逻辑对于产品研发项目和新产品开发都有促进作用。Duening 等人（2012）发现效果逻辑能够帮助改善新产品开发流程和系统开发过程。同时，Blauth 等人（2014）在研究因果逻辑、效果逻辑在新产品开发中对实践创造性的影响时，也得出了相同的结果。Berends 等人（2014）通过案例研究，发现在新产品开发过程中，小型制造业与大型制造业采用的决策逻辑不同，处于新产品开发早期阶段的小型制造业更倾向于采用效果逻辑，随着时间的推移会逐渐转换为使用因果逻辑。此外，Brettel 等人（2012）对研发项目绩效（研发效率、研发产出）进行了研究，结果表明高度创新项目中效果逻辑对研发绩效具有促进作用。具体而言，可承受损失对研发效率有积极作用，战略联盟和利用意外事件对研发产出有积极作用，手段导向无显著影响。在创新程度低的项目中，因果逻辑对研发绩效具有促进作用。其中，目标导向和避免意外事件对研发效率、研发产出均具有积极作用，预期回报对研发效率有积极作用，市场竞争分析对研发产出有积极作用。

（3）投资视角

随着研究的深入，有部分学者将创业决策逻辑的研究视角拓展到投资领域，尝试分析天使投资者的创业决策逻辑与投资结果之间的作用关系。例如，Wiltbank 等人（2009）利用来自 121 位天使投资人的 1038 项投资项目的数据，研究预测逻辑和控制逻辑对风险投资结果的影响，研究发现强调预测逻辑的天使投资人会投资风险更大的项目，但不会获得更大的投资回报，而强调控制逻辑的天使投资人在不减少投资次数的基础上，降低了投资失败的次数。Dew 等人（2009）借鉴行为经济学的理论，研究认为，如果基于预期收益原则，投资业绩在很大程度上取决于预测的准确性。基于可承受损失，投资业绩会随着企业生存年限的增加而增长，并会吸引更多人进行创业，当创业失败时，遭受的损失更小。

（4）国际化视角

由于跨国业务涉及更多不确定性和更复杂的动态网络，具有创业情境的典型特征，因此有些学者将创业决策逻辑应用到国际化领域中。一部分现有研究认为，效果逻辑有利于推动新企业的国际化进程。例如，Frishammar 等人（2009）发现，活跃于国际市场的中小型制造企业主要依赖效果逻辑取得成功而非详尽的市场调查及客户导向。对于初次进入国外新市场的企业，采用效果逻辑有利于创造新的国际机会（Sarasvathy、Kumar，2014）。Gabrielsson 等人（2013）提出效果逻辑有利于企业快速实现国际商业化，有利于强化机会开发在国际新企业存活与企业成长中的作用。

此外，还有一部分学者持有不同的观点，他们认为在新企业国际化过程中，仅仅强调某一种创业决策逻辑并非理智行为。Galkina 等人（2015）对 7 家来自芬兰的已进行国际经营的中小企业进行研究，研究结果表明效果逻辑的战略联盟不同于偶然的人际网络，它使得企业国际化经营成为可能，同时他们的研究结果还表明在早期国际化进程中，国际新企业倾向于综合使用因果逻辑与效果逻辑以实现快速国际化的目标。

2. 创业决策逻辑对新企业绩效关系的调节作用研究

随着研究的逐步深入，学者们发现仅仅研究创业决策逻辑与新企业绩效的直接作用，得出的研究结论常常不一致甚至相互矛盾（Hindle、Senderovitz，2010；Wiltbank et al.，2010）。他们发现创业决策逻辑是"创业情境特殊性诱发的独特思维和认知过程"（Venkataraman et al.，2012）。因此，要理性认知创业决策逻辑，就必须考虑创业情境的调节作用（崔连广、张敬伟、邢金刚，2017）。

当前研究主要是基于外部环境的调节作用，认为在不确定性高的外部环境中，效果逻辑比因果逻辑对新企业绩效更具有促进作用。Garonne 等人（2010）选取了 CAUSEE 项目中的 625 家新企业，研究表明在高创新水平下，效果逻辑对新企业达到运营阶段更加有效，而在低创新水平下，因果逻辑则对新企业达到运营阶段更加有效。Futterer 等人（2018）从行业增长角度对128 位参与企业投资的德国人进行了调查，研究创业决策逻辑对商业模式创新的影响。研究显示在高增长行业中，效果逻辑对商业模式创新具有积极影响，而在低增长行业中，因果逻辑对商业模式创新具有积极影响。Chandler 等人（2011）研究指出效果逻辑是形成性而非反映性构念。因此，Blauth 等人（2014）采用 Brettel 等人（2012）开发的测量量表，以 219 位来自德国企业新产品开发部门的员工为研究对象，结果显示在较高不确定性环境下，效果逻辑的子维度除了可承受损失无显著影响外，其他子维度如手段导向、合作伙伴和利用意外事件对新产品开发中的实践创造力均有积极作用，与之相对应，因果逻辑的子维度目标导向和避免意外事件有消极作用，而预期回报和竞争均无显著影响。

除了外部环境的调节作用之外，有部分学者研究了内部环境的调节作用（例如，创业所处阶段、新企业规模）。An 等人（2020）发现早期阶段的小型企业倾向于使用效果逻辑提高企业绩效，大型企业则在早期阶段倾向于交替使用因果逻辑和效果逻辑，但在后期阶段转为使用因果逻辑。Yang 等人（2019）利用来自中国不同行业的 270 家企业的数据进行实证分析，结果表明效果逻辑与搜索活动相联系，而因果逻辑与执行活动相关联，同时他们还发现成立时间在 7 年以上的企业使用执行活动会有更高的利润，成立时间 7 年以下的企业反而减少了利润，但这些成立时间少于 7 年的企业使用搜索活动会有更高的利润。

3. 创业决策逻辑对新企业绩效关系的中介作用研究

虽然创业决策逻辑对新企业绩效的重要性得到了普遍认可，但是，现有研究常常关注创业决策逻辑与创业绩效之间的直接作用关系，忽视了创业决策逻辑与创业绩效之间的内在作用机制，二者之间的"黑箱"亟待揭开（Guo et al.，2016；Reymen et al.，2015）。对于创业决策逻辑影响新企业绩效内在作用机制的研究才刚刚起步，学者们使用不同的构念（例如资源捆绑、探索式学习、创业导向、机会塑造）进行验证，在摸索中不断前进。Guo 等人（2016）利用中国 118 家互联网新企业的有效问卷数据，研究不同类型的资源捆绑（稳定性资源捆绑和开拓性资源捆绑）对创业决策逻辑与互联网新企业发展的中介作用。研究结果表明稳定性资源捆绑在因果逻辑与新企业发展关系中发挥完全中介作用，而开拓性资源捆绑在效果逻辑与新企业发展关系中起着完全中介作用。Cai 等人（2017）通过研究中国长春和北京两个城市的 226 家制造业、信息技术服务及软件行业的新企业的问卷数据，研究发现探索性学习完全中介了效果逻辑对新企业绩效的影响。Szambelan 等人（2018）探索了创业导向在效果逻辑的子维度控制导向对创新绩效影响的中介作用。研究结果显示，创业导向完全中介了效果逻辑导向对企业创新绩效的影响。因此，尽管该实验重点研究了效果逻辑的控制导向维度，但在模型中仍包含了效果逻辑的其他 4 个维度，结果显示创业导向并没有中介其他 4 个维度的影响。然而，并非所有的构念都能中介创业决策逻辑对新企业绩效的影响。

2.4.4　创业决策逻辑与新企业绩效关系的未来研究展望

创业决策逻辑对新企业绩效的影响研究是当前创业决策逻辑研究的主流之一，虽然学者们从不同的视角对该主题做了大量的研究工作，也取得了一定的成果，但仍有许多问题需要进一步深入研究。创业决策逻辑与新企业绩效关系未来研究方向如图 2-6 所示。

第一，现有研究主要从单一、分散的视角分析某一种创业决策逻辑对新企业绩效的影响作用，未来研究需要关注因果逻辑、效果逻辑的交互作用对新企业绩效的影响。在早期阶段，效果逻辑被视为是因果逻辑的对立面（Sarasvathy，2008）。然而，有研究发现，效果逻辑和因果逻辑并非完全相对，它们不是一个连续体的两端，而是具有正交关系（Perry et al.，2012）。Galkina 等人（2017）的研究进一步证明了该结果，他们发现中小企业在进行国际化过程中并不完全遵从效果逻辑策略，将效果逻辑和因果逻辑平衡使用能更好地适用于企业进入外国市场的早期和不确定阶段。因此，未来研究应

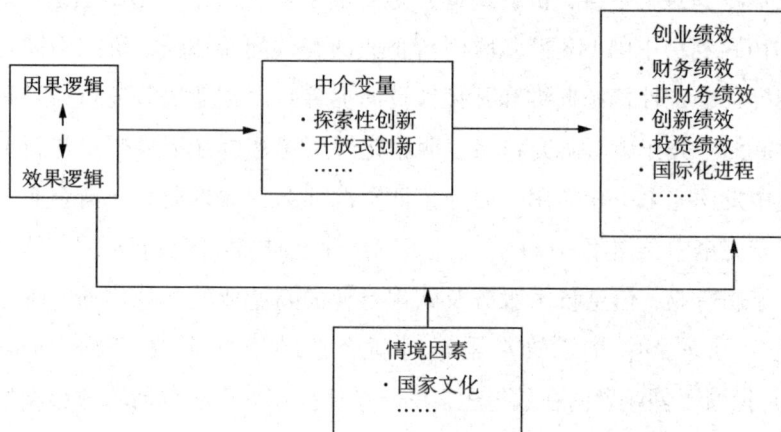

图 2-6 创业决策逻辑与新企业绩效关系未来研究方向

考虑因果逻辑、效果逻辑的交互作用，探索其对新企业绩效的影响。

第二，现有研究主要从微观视角分析创业决策逻辑对新企业绩效的影响作用，未来研究需要从宏观层面深入挖掘创业决策逻辑的作用机理。创业决策逻辑是基于西方国家背景下提出的理论，然而，由于经济、制度和文化等方面的差异，直接将该理论套用到别的国家可能不适用。例如，Laine 等人（2017）发现，俄罗斯的制度不确定性能够促进效果逻辑的使用，同时更可能支付可承受的金额来投资于新兴的机会和学习中，而不是考虑以可负担的成本退出企业。因此，未来研究需要从宏观层面，如国家文化、国家经济政策等方面，重新定义创业决策逻辑，开发新的创业决策逻辑的测量量表，并进一步分析不同宏观情境因素下，创业决策逻辑对新企业绩效影响作用的权变差异。

第三，现有研究虽然开始尝试分析创业决策逻辑与新企业绩效关系之间的调节作用和中介作用，但是还有更多的调节变量和中介变量有待发掘和验证，未来研究需要进行更多调节作用及中介作用的检验。笔者建议研究者未来可以从以下构念入手展开研究：不同国家文化差异对创业决策逻辑与新企业绩效之间关系的调节作用；探索性创新、开发性创新对创业决策逻辑与新企业绩效之间关系的中介作用。

第 3 章　直觉—分析型认知风格对创业决策逻辑的影响

3.1　引言

　　创业决策贯穿整个创业过程，创业决策的有效性直接影响创业成败（Ranabahu、Barrett，2020；Long et al.，2017）。现有研究普遍认可创业决策的重要性，但少有研究关注创业者制定决策的内在逻辑。因果逻辑、效果逻辑是创业决策过程中最重要的两种思维模式。理性决策理论认为，决策要基于准确、科学的分析。然而，创业决策在高度不确定条件进行，难以在若干个理性决策方案中选择最优方案，创业者常常基于直觉、即兴发挥等非理性因素来进行决策（Sarasvathy，2001）。

　　理清创业决策的逻辑对于改善创业决策效率和效果具有重要意义，越来越多的学者开始关注创业决策逻辑的影响因素。早前研究认为 MBA 学生倾向于运用因果逻辑，经验丰富的专家创业者更倾向于运用效果逻辑（Sarasvathy，2008）。后续有学者发现新手创业者也倾向于运用效果逻辑（Dew、Read、Sarasvathy、Wiltbank，2009；Brettel et al.，2012）。该结论在质疑"先前创业经验促进效果逻辑运用"观点的同时，也使学者开始探索隐藏在创业者先前经验背后的认知因素。因此，有学者开始关注创业者认知风格对创业决策逻辑的影响作用（Mitchell et al.，2002；Hough et al.，2005；Tryba、Fletcher，

2020）。

认知风格作为描述个体思维方式偏好的概念，早在 20 世纪 90 年代就被引入到创业情境中来（Allinson、Hayes，1996）。Allinson 等人（2000）在单一过程观的基础上，将认知风格分为直觉—分析型，并且通过实证研究发现比起一般的管理人员，成功创业者更倾向直觉型认知风格。但是，是否存在特定的认知风格促进创业者选择相应的创业决策逻辑，这一问题尚未有学者深入研究（Organ et al.，2016；Tryba、Fletcher，2020）。

创业决策逻辑是"创业情境特殊性诱发的独特思维和认知过程"（Venkataraman et al.，2012）。现有研究常常忽略了这一点，它们常常关注某些因素对创业决策逻辑的直接作用，研究结论不一致甚至相互矛盾（McKelvie et al.，2020）。经济学家奈特早在 1921 年就定义了环境不确定性，认为不确定性是无法被衡量、不能被计算概率的风险。创业环境具有高度的不确定性，效果逻辑也是在奈特不确定性的基础上提出的。现有研究多探讨环境不确定性对创业决策逻辑的直接作用，忽视了创业者认知风格、环境不确定性等要素综合作用机制对创业决策逻辑的影响（Tryba、Fletcher，2020）。

基于此，本章探索以下研究问题：在不确定的环境下，创业者的认知风格如何影响创业决策逻辑选择？具体而言，认知风格在创业领域运用最多的是直觉—分析型分类维度，本章分别探讨直觉型和分析型创业者使用效果逻辑和因果逻辑的倾向性；然后，加入环境不确定性作为调节变量，探讨直觉型和分析型认知风格与环境不确定性的综合作用机制对创业决策逻辑的影响作用。

3.2　直觉—分析型认知风格对创业决策逻辑影响的模型与假设

3.2.1　变量的内涵及维度

1. 效果逻辑的内涵及维度

Chandler 等学者（2007）率先对效果逻辑的内涵及维度进行探讨，通过对 180 个公司进行探索性研究，构建出效果逻辑 5 个子维度，包括灵活性、试验、可承受损失、先前承诺和战略联盟，并且选取了 196 家公司分别从这 5 个子维度进行测试研究，但是并没有得到清晰的结论。2011 年，Chandler 等学者为了弥补先前研究的不足，进一步对效果逻辑维度进行探讨。通过对不同时段的两个企业数据进行因子分析，他们认为效果逻辑是一个包含 4 个子维度的多维概念，这四个子维度分别是灵活性、试验、可承受损失以及先前承诺。除了 Chandler 等人（2011）提出的量表，Read 等人（2009）为了探究效果逻辑和新企业绩效之间的作用机制，运用元分析法，对发表在 *Journal of Business Venturing* 杂志上的 9897 个新企业进行分析，结果发现效果逻辑是由设计、既有手段、可承受损失、合作及利用意外事件这 5 个子维度构成的。为了研究创新性水平下效果逻辑对企业绩效的潜在作用机制，Roach 等人（2016）对 169 个电子产品制造业的中小企业进行调研，运用定性和定量结合的方法开发出了创新水平下效果逻辑量表，得到的结果也和 Read 等人（2009）相同。Brettel 等人（2012）将效果逻辑引入到企业研发活动中，通过对 123 个研发项目进行研究，提出了效果逻辑的 4 个子维度，即手段导向、可承受损失、战略联盟以及利用意外事件。

综上所述，学者在不同的情境下运用的效果逻辑测量量表不同，Sarasvathy（2008）指出实证研究对效果逻辑维度的构建存在差异。在这些量表中，Read 等人（2009）开发出的成熟量表得到学术界的广泛认可。笔者依照先前研究，选取 Read 等人在 2009 年开发的效果逻辑分类维度，即手段导向、可承受损失、战略联盟和利用意外事件。

2. 因果逻辑的内涵及维度

因果逻辑和效果逻辑相同，Chandler 等人（2007）率先对量表进行探讨。通过对 180 家公司进行探索性研究和对 196 家公司的进一步研究，Chandler 等人发现因果逻辑是一个连贯的过程，并且其测量的项目具有一致性，因此可以被看作是一维结构。2011 年，Chandler 等学者利用两个新企业创业者样本数据库来开发因果逻辑和效果逻辑的量表，和先前结论一致，仍然认为因果逻辑是一维结构。Brettel 等人（2012）通过对 123 个 R&D 项目的初步研究，为因果逻辑开发出包含目标导向、预期回报、竞争分析和避免意外事件在内的决策连续量表，该成熟量表得到了广泛的运用。因此，笔者选取的是 Brettel 等人（2012）开发的因果逻辑量表。

3. 认知风格的内涵及维度

在不同研究领域，不同学者对认知风格的分类不同，因此导致认知风格的分类呈现多样化的特征。基于认知风格的内涵，Witkin 等人（1962）将认知风格分为容易被周围情境影响的场依存型认知风格和独立于周围情境的场独立型认知风格。除此之外，认知风格的分类还有思考—冲动型（Kagan，1965）、整体—部分型（Pask，1972）、适应—创新型（Kirton，1976）、直觉—分析型（Allinson、Hayes，1996）、理性—直觉型（Shiloh、Salton、Sharabi，2002）、学习—计划—创新型（Miller，1987）等。

现有文献中，相比较于其他分类维度，直觉—分析型和适应—创新型得到了更广泛的运用（Allinson et al.，2000；Kickul et al.，2009）。中国学者张敬伟和李蕊（2019）也认为在创业领域主要运用的分类维度是直觉—分析型和适应—创新型。Allinson 和 Hayes（1996）开发出的成熟量表得到学术界的广泛认可。笔者选取 Allinson 和 Hayes（1996）开发的直觉—分析型认知风格作为自变量的分类维度。

Allinson 和 Hayes（1996）在单一过程观的基础上，将认知风格分为直觉—分析型。单一过程观是心理学在个体信息处理方面的一种理论，该理论认为分析和直觉不是二分的，而是由一端（分析）到另一端（直觉）的一条连续的直线，个体同时具备这两种认知风格，只是各自的占比不同而已。Allinson 和 Hayes（1996）认为直觉型认知风格的个体处理信息是基于"感觉和整体视角的即刻判断"；分析型认知风格的个体处理信息是基于"推理并注重细节的判断"。他们推测大脑半球差异可能是认知风格差异的基础，并用直觉来描述右半脑的思维方式。直觉型认知风格往往是成功创业者的特征，他们普遍具备较高的风险承受能力，善于创新，更加积极主动，且更倾向于用开放性的思维去解决问题。Allinson 等人（2000）认为，分析型认知风格是职业经理人的特征，他们善于推理判断和细节处理，高度依赖系统的调查方法，为了追求明确的目标，倾向于采用结构化的方法来解决问题。

4. 环境不确定性的内涵

在 1921 年，奈特发表了 *Risk，Uncertainty and Profit* 一文。在这篇文章中，奈特详细阐述了经济学中的风险、不确定性和利润理论。奈特（1921）在区分风险和不确定时，将不确定性的内涵分为两方面：一方面是个体对于外界状态的概率分布是否知晓，另一方面是个体通过"直觉、估计、判断"等方式主观预测所有事件。关于风险和不确定性理论内涵的描述最经典的就是奈特的阐述，Sarasvathy（2001）的效果逻辑理论的基础之一也是奈特不确定性。因此，本研究借助奈特的风险与不确定性理论，基于 Downey 等人（1975）对环境不确定性的界定，认为环境不确定性是个体对未来状况概率分布的不确定性，即不知道未来会出现几种状况，也不知道各种状况发生的可能性。

3.2.2　研究模型构建

一方面，学者大多关注效果逻辑和因果逻辑对创业绩效的影响作用，少有学者关注二者的前置因素。有研究认为经验丰富的专家创业者更倾向于运用效果逻辑，而没有创业经验的 MBA 学生则倾向于运用因果逻辑（Sarasvathy et al.，2008）。后续有学者发现新手创业者也倾向于运用效果逻辑而不是因果逻辑（Brettel et al.，2012）。该结论在质疑"先前创业经验促进效果逻辑运用"观点的同时，也促使学者开始探索隐藏在创业者先前经验背后的内在因素。Sadler-Smith 和 Badger（1998）认为个人处理周围信息的思维方式会影响决策行为。基于此，本研究深入创业者心理内部，从创业决策逻辑关键因素——创业思维的角度出发，将描述个体思维方式偏好的认知风格作为创业者决策逻辑的影响因素，分析不同认知风格的创业者运用不同决策逻辑的倾向性。

另一方面，创业情境最显著的特征是环境的高度不确定性，效果逻辑理论也是在高度不确定性的情境下以及与因果逻辑的对比中提出的（Sarasvathy，2001）。关于环境不确定性对效果逻辑和因果逻辑的影响作用研究，不同学者的结论各不相同（Long et al.，2017；王玲玲、赵文红、魏泽龙，2019）。本研究将认知风格对效果逻辑和因果逻辑的影响作为研究的主效应，然后探讨环境不确定性对主效应的调节作用。

本研究采用直觉—分析维度的认知风格作为自变量，以效果逻辑（手段导向、可承受损失、战略联盟和利用意外事件）和因果逻辑（目标导向、预期回报、竞争分析和避免意外事件）作为因变量，以环境不确定性作为调节变量，构建出包括认知风格、效果逻辑、因果逻辑和环境不确定性的研究模型，如图 3－1 所示。

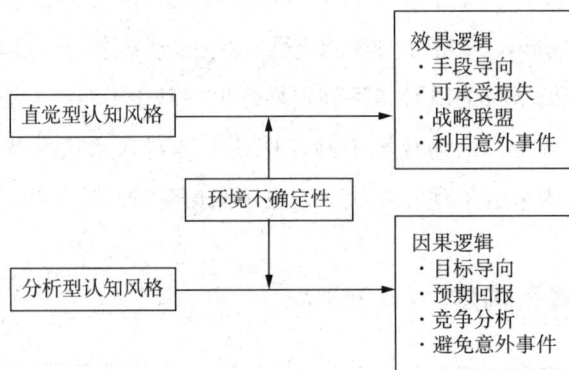

图 3－1 认知风格和创业决策逻辑研究模型

3.2.3 研究假设提出

1. 直觉型认知风格与效果逻辑

（1）直觉型认知风格与手段导向

要理清直觉型认知风格和手段导向的逻辑联系，就必须了解直觉型认知风格和效果逻辑手段导向的内涵。一方面，Armstrong 等人（2012）认为直觉型认知风格的个体善于创新，更加积极主动，且更倾向于用开放性的思维去解决问题。在创业情境下，手段导向下的创业者往往不会建立明确清晰的目标，而是对已有的手段和资源进行创造性的整合利用（An et al.，2020）。这个过程本身就凸显出创业者强大的创新能力。同时，在创业活动中，创业资源的稀缺性导致创业者必须积极寻求不同既有手段组合的可能性，以更加开放的心态去整合现有资源，这和直觉型认知风格个体处理信息的方式如出一辙（Mansoori、Lackéus，2020）。

另一方面，Allinson 和 Hayes（1996）认为直觉型认知风格的个体不善于进行分析调研，在决策时基于"整体视角的即刻判断"，这种基于整体视角的信息处理方式能够加快决策的速度。Müller（2010）认为在创业情境下，创业机会转瞬即逝的特征使得创业者来不及进行系统的分析再决策，只能快速整合利用可用的资源，不断尝试新的创业机会。因此，直觉型认知风格为创业者运用手段导向的决策逻辑提供了可能。综上所述，我们可以提出以下假设：

假设 1a：直觉型认知风格的创业者倾向于运用手段导向的决策逻辑。

（2）直觉型认知风格与可承受损失

Sadler-Smith（2004）认为直觉型认知风格的个体由于很难对自身决策做出合理的解释，便用"直觉"来形容这种不确定的感觉，他们在决策时倾向于用整体思维的方式去解决问题，且不善于长期从事数据收集和分析之类的细致性工作。同时，在可承受损失决策逻辑下，创业者不会追求需要大量数据处理才能得到的最大收益，而是迅速整合自身情况，确定自己最大的可承受损失（Sarasvathy、Venkataraman，2011；Martina，2020）。此外，直觉型认知风格的个体在决策时往往依据"不确定的感觉"迅速做出决策，大大减少了时间成本，符合可承受损失的内在逻辑（Shepherd et al.，2015）。综上所述，我们提出以下假设：

假设 1b：直觉型认知风格的创业者倾向于运用可承受损失的决策逻辑。

（3）直觉型认知风格与战略联盟

直觉型认知风格强调处理问题时的"创新性"和"灵活性"，创业者在寻求战略联盟时需要与投资者进行灵活的沟通以"打动"他们。因此，直觉型认知风格的创业者可能更擅长与利益相关者形成战略同盟（Zacca、Dayan、Elbanna，2017）。Carnabuci 等人（2015）发现直觉型认知风格的个人在创业过程中具备更强的创业自我效能感，且在决策时更加自信。创业者强调战略联盟的潜在逻辑是利用利益相关者的预先承诺减少或消除不确定性，创业者看重和利益相关者的合作，因为只有达成战略联盟，彼此之间才能够共同贡献价值，在增加创业资源的同时，也提升了创业者成功的自信心，从而进一步促进新企业的生成与发展。综上所述，我们提出以下假设：

假设 1c：直觉型认知风格的创业者倾向于运用战略联盟的决策逻辑。

（4）直觉型认知风格与利用意外事件

一方面，在创业过程中，创业者会遇到各种各样的意外事件。直觉型认知风格的个体思维更加灵活，Chandler 等人（2011）认为在利用意外事件的决策逻辑下，往往需要创业者灵活地适应不断变化的环境、意外事件和新知识，因此直觉型认知风格可能更擅长处理这些意外事件。

另一方面，Mueller 和 Shepherd（2016）认为直觉型认知风格的个体更善于在创业过程中将陌生复杂的信息和自身已有的资源结合起来，从而提高自身发现创业机会的能力。创业者积极面对意外事件的内在逻辑就是将意外事件转化为对自身有利的创业机会（Sarasvathy，2008）。综上所述，我们提出以下假设：

假设 1d：直觉型认知风格的创业者倾向于运用利用意外事件的决策逻辑。

2. 分析型认知风格与因果逻辑

（1）分析型认知风格与目标导向

一方面，Allinson 和 Hayes（1996）认为具备分析型认知风格的个人在决策时主要基于逻辑推理和细节判断，他们高度依赖系统的调查方法，为了追求明确的目标，倾向于采用结构化的方法来解决问题。这实际上就是因果逻辑所强调的目标导向原则，创业者在既定的目标上运用结构化的方法寻找到相应的手段（Harms、Schiele，2012）。另一方面，Kickul 等人（2009）认为分析型认知风格的个体注重理性逻辑和预测未来。目标导向决策逻辑也强调在预测的基础上进行系统分析确定目标（Fisher，2012）。综上所述，我们提出以下假设：

假设 2a：分析型认知风格的创业者倾向于运用目标导向的决策逻辑。

（2）分析型认知风格与预期回报

一方面，Allinson 和 Hayes（1996）认为分析型认知风格具有线性和规律性的特征。McKelvie 等人（2013）认为预期回报决策逻辑的基础是"线性和目标驱动的分析过程"，由此可知分析型认知风格和预期回报决策逻辑的内涵一致，作为描述个体思维方式的分析型认知风格也为创业者使用预期回报的决策逻辑提供了解释。另一方面，Shiloh 等人（2002）通过研究发现分析型认知风格个体倾向于运用规范的统计方法，而预期回报的决策逻辑强调在预测未来的前提下，运用概率论和统计学原理计算出预期收益，从而进行创业活动。因此，本研究认为分析型认知风格的创业者更倾向运用预期回报的决策逻辑。综上所述，我们提出以下假设：

假设 2b：分析型认知风格的创业者倾向于运用预期回报的决策逻辑。

（3）分析型认知风格与竞争分析

一方面，Barbosa 等人（2007）认为，分析型认知风格的个体具有较低的风险倾向性，比起直觉型个体，他们对于风险的敏感程度较高。同时，Simon（1959）认为在面对竞争对手等利益相关者时，决策者会在低风险承受能力的驱使下，尽可能多地收集利益相关者的信息，提高自身产品的差异化水平，增加企业竞争优势。另一方面，Allinson 等人（2000）认为分析型认知风格的个体更善于进行系统的调研，善于长时间做细致的数据处理工作。同时，竞争分析会涉及大量的调研和数据处理，分析型认知风格的个体更善于从事此类工作。综上所述，我们提出以下假设：

假设 2c：分析型认知风格的创业者倾向于运用竞争分析的决策逻辑。

（4）分析型认知风格与避免意外事件

一方面，Kickul 等人（2009）认为具有分析型认知风格的个体对他们评估、计划和调动资源的能力更有信心，但对自身寻找和发现新机会的能力没有信心。创业初期频频发生的意外事件本身就是创业机会，分析型认知风格的创业者更倾向于评估和分析意外事件带来的风险，而不是专注于探索意外事件中蕴含的创业机会，因此会倾向于规避这些意外事件。另一方面，分析型认知风格的个体风险承受能力低（Barbosa、Gerhardt、Kickul，2007）。同时，Guo 等人（2016）认为避免意外事件的决策逻辑强调创业过程中的意外事件是"威胁"，会破坏整个创业节奏，从而使得未来变得不可控，增加创业风险，因此分析型认知风格的创业者更倾向于运用避免意外事件的决策逻辑。综上所述，我们提出以下假设：

假设 2d：分析型认知风格的创业者倾向于运用避免意外事件的决策逻辑。

3. 环境不确定性的调节作用

（1）环境不确定性在直觉型认知风格与手段导向之间的调节作用

当机会窗口打开时，创业者必须尽快抓住创业机会，机会窗口一旦关闭，创业活动将举步维艰（Long et al.，2017）。创业者如果在制订计划和预测未来上花费太多时间，不但会增加创业成本，还容易贻误创业时机。当环境不确定性程度较高时，创业机会转瞬即逝，搜集有用信息也更难。直觉型创业者更多地运用自身知识和先前经验进行快速决策，这样的决策逻辑规避了在高环境不确定性条件下搜集外部信息的要求（Sadler-Smith，2016）。因此，环境不确定性程度越高，拥有直觉型认知风格的创业者就可以发挥自身优势，积极寻求不同手段组合的可能性进行决策，以开放的心态去整合现有资源，从而抓住在高环境不确定性条件下转瞬即逝的创业机会。综上所述，我们提出以下假设：

假设 3a：环境不确定性正向调节直觉型认知风格与手段导向决策逻辑之间的正向关系。

（2）环境不确定性在直觉型认知风格与可承受损失之间的调节作用

创业初期的环境总是充满不确定性和模糊性，这是导致创业活动活跃但创业成功率极低的重要因素之一。创业一旦失败，不但会给创业者带来失败的打击，还会使创业者承受巨大的财务危机。因此，创业者出于减少损失的目的，往往会根据自身的可承受损失投入相应的创业资源（Sarasvathy，2001；Martina，2020）。在环境不确定性较高时，创业者较难收集市场产品信息去预测未来，此时直觉型认知风格的创业者会倾向于运用自身知识和先前经验进行决策，从自身可承受损失的角度出发，减少对外部信息的依赖，从而促进创业成功（Hauser et al.，2020）。综上所述，我们提出以下假设：

假设 3b：环境不确定性正向调节直觉型认知风格与可承受损失决策逻辑之间的正向关系。

（3）环境不确定性在直觉型认知风格与战略联盟之间的调节作用

在环境不确定性水平较高时，市场竞争程度激烈，市场上的供求平衡关系将会发生很多不可预测的变化，创业者面临创业失败的风险也随之增大。创业者倾向于通过与利益相关者构建战略联盟来分散创业风险，从而降低创业环境的不确定性（Engel et al.，2014）。在不确定性水平较高时，市场竞争程度激烈，市场上的供求平衡关系将会发生很多不可预测的变化，创业者面临创业失败的风险也随之增大，直觉的创业者具备更强的创业自我效能感，且在决策时更加自信，这种自信可以克服对创业失败的恐惧，使他们能够更加积极地联系利益相关者，构建战略联盟（Dew et al.，2015）。环境不确定性越强，具备直觉型认知风格的创业者更倾向于运用战略联盟的决策逻辑。由此，我们提出以下假设：

假设 3c：环境不确定性正向调节直觉型认知风格与战略联盟决策逻辑之间的正向关系。

（4）环境不确定性在直觉型认知风格与利用意外事件之间的调节作用

在创业过程中，创业资源往往具有稀缺性，创业者手中掌握的手段和资源则更加稀缺，这种客观因素使得创业者不会放过任何一个创造资源的机会（Nelson、Lima，2020；Sarasvathy，2008）。利用意外事件的决策逻辑体现了创业者转"危"为"机"的决策思路，积极面对随机发生的意外事件，将其转化为对自身有利的资源，这个过程本质上是创造创业机会的过程（Dew et al.，2015）。杜晶晶（2015）认为在环境不确定性较高的条件下，创业机会具有内隐性特征，不能够通过公开数据分析获得，且创业机会的发现与创业者个人的思维方式和心智模式紧密相连。作为描述人类思维方式的心理概念，认知风格可以很好地解释这一过程。当环境不确定性增加时，发生意外事件的概率增加，直觉型认知风格的创业者具有灵活性和创新性的特征，可以更加积极灵活地应对这些意外事件，表现出对环境不确定性的高度适应性，因此能够在环境多变的情况下更好地创造创业机会（Mansoori、Lackéus，2020）。综上所述，我们提出以下假设：

假设 3d：环境不确定性正向调节直觉型认知风格与利用意外事件决策逻辑之间的正向关系。

（5）环境不确定性在分析型认知风格与目标导向之间的调节作用

Aritzeta 等人（2015）认为具备分析型认知风格的个人在决策时高度依赖系统全面的调查方法，为了追求利益最大化，倾向于采用结构化的方法来解决问题，这种处理信息的方式就是目标导向决策逻辑的内在含义。Brooke（2010）认为环境不确定性强调未来状况的概率分布不可知，在概率分布不可知的情形下，创业者很难运用全面调研的方法获取有效信息，分析型认知风格的个体更是无法发挥自身优势，传统管理学理论框架下的模型和方法更是无法运用。因此，环境不确定性越高，分析型认知风格的创业者会减少对目标导向决策逻辑的运用。综上所述，我们提出以下假设：

假设 3e：环境不确定性负向调节分析型认知风格与目标导向决策逻辑之间的正向关系。

（6）环境不确定性在分析型认知风格与预期回报之间的调节作用

因果逻辑运用预期回报决策逻辑的内涵在于创业者在考虑投资需求的过程中，会更关注创业投资带来的预期回报，追求利益最大化。要计算出投资的预期回报，则需要利用概率论的方法进行计算。在环境不确定性较高的情形下，个体对未来发生事情的主观预测具有高度不确定性，未来可能发生状况的概率也是未知的（奈特，1921）。在这样的情形下，创业者很难计算出预期回报。分析型认知风格的个体倾向于利用市场信息和结构化的决策模型计算预期回报（Jiang、Tornikoski，2019）。环境不确定性程度越高，说明市场的动荡性越大，分析型认知风格的个体无法发挥自身优势，从而会减少对预期回报决策逻辑的运用。综上所述，我们提出以下假设：

假设 3f：环境不确定性负向调节分析型认知风格与预期回报决策逻辑之间的正向关系。

（7）环境不确定性在分析型认知风格与竞争分析之间的调节作用

分析型认知风格强调基于市场调研和管理决策模型对企业所处的竞争状态进行细致分析，并且做出相应的决策（Allinson、Hayes，1996）。创业初期环境具有奈特不确定性，即未知的环境概率分布。在这种情境下，创业者很难在收集信息的基础上预测未来可能发生的几种情况及其相关的概率，因此很难运用传统管理学中的决策模型对企业所处的竞争状态进行分析，从而会减少对竞争分析决策逻辑的运用（Sarasvathy，2001）。同时，在这样的情境下，分析型认知风格的创业者很难发挥优势，无法依据线性的方法进行信息处理，也会导致他们减少对竞争分析决策逻辑的运用。综上所述，我们提出以下假设：

假设 3g：环境不确定性负向调节分析型认知风格与竞争分析决策逻辑之间的正向关系。

（8）环境不确定性在分析型认知风格与避免意外事件之间的调节作用

Kickul 等人（2009）认为理性逻辑下的分析型认知风格创业者具有线性

的思维方式。创业过程中，市场动荡性、竞争强度和技术变革的速度与日俱增，环境不确定性增强，且供求平衡关系将会发生很多不可预测的变化（Jiang、Tornikosk，2019），在这样的情形下创业者难以收集到有效信息并运用线性方法正确地预测未来，从而很难及时规避随时都可能发生的意外事件（Kickul et al.，2009）。因此，环境不确定性程度越高，分析型认知风格的创业者会减少对避免意外事件决策逻辑的运用。综上所述，我们提出以下假设：

假设 3h：环境不确定性负向调节分析型认知风格与避免意外事件决策逻辑之间的正向关系。

3.3　直觉—分析型认知风格对创业决策逻辑影响的研究设计

3.3.1　问卷设计

本研究通过发放问卷获取数据来探究认知风格—环境不确定性—创业决策逻辑之间的作用机制。笔者在设计问卷时，主要关注研究变量的构成，尽量使用最优条目或最合适的条目来测量本研究涉及的主要变量。本研究借鉴 Churchill（1979）提出的关于研究变量测量条目的相关步骤展开问卷设计。

首先，围绕研究问题，系统梳理了国内外关于效果逻辑、因果逻辑、认知风格、环境不确定性等变量测量的相关文献，并对不同量表进行分析和比较。基于国内外现有成熟量表，设计出测量条目。同时，本研究尤其关注我国转型经济和文化传统的独特情境，对部分条目的表述和测量进行了修正。

其次，为了避免翻译国外量表时的误差，研究团队先是将国外学者开发的各个量表翻译成中文，再由 3 位研究团队成员背靠背将中文调查问卷翻译成英文，然后将这 3 位成员翻译的不同英文量表进行比较，形成一份调查问卷，最后将之与国外学者设计的原始量表进行比较，以识别出翻译国外量表时的理解误差和翻译误差，并在此基础上进一步修正问卷。

再次，在形成调查问卷初稿后，研究团队多次讨论调查问卷的结构设置、条目设计、语言措辞等内容。与此同时，笔者多次利用电子邮件、微信等方式同本领域的相关学者反复沟通交流。综合考虑学者们的修改建议，笔者多次调整调查问卷，进而形成调查问卷的修正稿。

最后，实施探测性调研。为了检验调查问卷的可行性和样本对问卷设置题目的理解程度，利用便利性抽样，笔者联系到 10 名创业者，对他们进行了探测性调查，并在此基础上，进一步修正和调整了调查问题，形成调查问卷的最终版。

此外，为了避免"社会赞许性偏向"（即回答问题时考虑"社会如何看待此问题"，没有反映自己的真实想法），笔者在调查开始的时候就首先交代本次调查纯属学术研究，不会用于商业用途，并将对调查信息保密，以减少受访者的心理顾虑，保证调查信息的有效性。同时，为了提高受访者参与调查的积极性，笔者在调查开始时便告知受访者，只要完成调查就有机会获得一定的物质奖励。

3.3.2 问卷调研

本研究依托于国家自然科学基金面上项目"认知风格和创业情境匹配下创业决策逻辑对创业绩效的作用机制研究（71772055）"，借助合肥工业大学创业投资研究所研究团队的力量，开展了一项关于创业决策规律的调查项目。本研究基于问卷星平台，在各个城市的创业者微信群、省级创业中心群以及创业培训机构群中进行问卷发放。本研究的调查对象覆盖全国各地，主要集中于北京、江苏、湖北、安徽、河北、广州、江西、宁夏等地，总共回收 645 份问卷，获得 645 个样本。

为了提高调查的准确性和严谨性，本研究进行了样本筛选。首先通过受访者在问卷星平台中提交问卷所花费的时间进行第一轮筛选。将问卷填写时间小于 300 秒的受访者删除。因为研究团队的多个成员在对问卷题目比较熟悉的情况下进行模拟回答，并记录完成问卷花费的时间，经统计平均需要花费 300 秒的时间。而受访者在对问卷完全不熟悉的情况下，仅仅花费不到 300 秒的时间完成问卷几乎是不可能的。据此有理由认为这些受访者很可能没有认真填写问卷，从而导致这些受访者提交的问卷无效。经过第一轮复筛选，剔除了 279 个样本，剩余 366 个样本。

然后，在剩下的 366 个样本中进行第二轮筛选。创业者是指在创业早期参与创业活动、具有新企业股权且有一定决策权的个体（Busenitz et al.，2014）。基于此定义，将不满足以下 3 个条件的样本删除：①受访者没有新企业的股权；②受访者是普通员工；③受访者是在 8 年后加入新企业的。此次筛选中共删除 30 个样本，剩余 336 个样本。

3.3.3　变量测量

本章的核心是研究创业者的认知风格在环境不确定条件下对创业决策逻辑的影响作用。因此，本章选取认知风格作为自变量，因果逻辑和效果逻辑作为因变量，环境不确定性作为调节变量。在测量变量时均采用了 Lilert–7 级量表，其中 1—7 分代表从"非常不同意"到"非常同意"。

1. 效果逻辑的测量

本研究选取 Read 等人在 2009 年开发的效果逻辑分类维度，即手段导向、可承受损失、战略联盟和利用意外事件，并且借鉴 Brettel 等人在 2012 年开发的效果逻辑量表，得分越高越倾向于使用效果逻辑的决策逻辑。

效果逻辑的题项包含 4 个维度。第一个维度是测量创业者运用手段导向决策逻辑的倾向性，包括"我们根据手头掌握的资源情况安排具体的创业活动""我们主要基于手头掌握的资源和自身具备的能力推进创业活动"等 5 个题项。第二个维度是测量创业者运用可承受损失决策逻辑的倾向性，包括"潜在损失是我们在创业活动中进行相关决策的决定性因素""我们在决定相关资金支出时，会重点考量潜在风险和损失的大小"等 4 个题项。第三个维度是测量创业者运用战略联盟决策逻辑的倾向性，包括"我们通过建立内外部的合作以及达成相关协议的方式来减少创业活动的风险""为了降低创业活动的风险，我们与他人建立了大量的合作关系并签订了相关协议"等 4 个题项。最后一个维度是测量创业者运用利用意外事件决策逻辑的倾向性，包括"我们总是利用创业活动中出现的意外，哪怕这些意外与最初的创业目标无关紧要""在创业过程中，新机会和新发现会显著影响我们的创业目标"等 5 个题项。效果逻辑量表见表 3-1 所列。

表 3-1　效果逻辑量表

手段导向	题项 1	我们根据手头掌握的资源情况安排具体的创业活动
	题项 2	在开始创业时我们没有明确的目标，只有一些不确定的想法
	题项 3	手头掌握的资源和自身具备的能力是我们开展创业活动的起点
	题项 4	我们主要基于手头掌握的资源和自身具备的能力推进创业活动
	题项 5	手头掌握的资源和自身具备的能力会显著影响我们对创业活动的规划
可承受损失	题项 1	潜在损失是我们在创业活动中进行相关决策的决定性因素
	题项 2	在充分考虑可接受损失的基础上制定项目预算
	题项 3	我们主要基于风险最小化和损失最小化来选择我们的创业项目
	题项 4	我们在决定相关资金支出时，会重点考量潜在风险和损失的大小
战略联盟	题项 1	我们通过建立内外部的合作以及达成相关协议的方式来减少创业活动的风险
	题项 2	我们根据自身的能力共同决定合作伙伴以及股东的人选
	题项 3	我们通过接近潜在的合作伙伴和顾客来分散创业活动的风险
	题项 4	为了降低创业活动的风险，我们与他人建立了大量的合作关系并签订了相关协议
利用意外事件	题项 1	我们总是利用创业活动中出现的意外，哪怕这些意外与最初的创业目标无关紧要
	题项 2	我们的企业很灵活，能够应对创业过程中出现的新机会
	题项 3	在创业过程中，新机会和新发现会显著影响我们的创业目标
	题项 4	在创业活动中，我们总是一小步、一小步地制订计划，步步为营
	题项 5	我们会灵活利用创业活动中出现的新机会，即使要推迟原先安排的工作

2. 因果逻辑的测量

本研究将因果逻辑分为目标导向、预期回报、竞争分析和避免意外事件 4 个维度，问卷借鉴了 Brettel 等人 2012 年开发的题项，该题项得分越高越倾向于因果逻辑的决策逻辑。

因果逻辑的题项包含 4 个维度。第一个维度是测量创业者运用目标导向决策逻辑的倾向性，包括"在创业开始时我们有明确的目标和具体的创业方向""事先设定的目标是我们开展创业活动的起点"等 5 个题项。第二个维度是测量创业者运用预期回报决策逻辑的倾向性，包括"我们主要通过对未来回报率的分析来选择我们的创业项目""我们主要基于对预期回报率的衡量来决定相关资金的支出"等 4 个题项。第三个维度是测量创业者运用竞争分析决策逻辑的倾向性，包括"我们的每项创业决策都经过系统全面的市场分析后形成""为了识别创业风险，我们主要关注市场分析的结果以及对未来的预测情况"等 4 个题项。最后一个维度是测量创业者运用避免意外事件决策逻辑的倾向性，包括"创业过程中，新机会和新发现对最初的创业目标没有任何影响""创业过程中，我们主要关注事先设定的目标是否按计划进行，没有任何延期"等 5 个题项。因果逻辑量表见表 3 - 2 所列。

表 3 - 2　因果逻辑量表

	题项 1	我们根据事先设定的目标安排具体的创业活动
	题项 2	在创业开始时我们有明确的目标和具体的创业方向
目标导向	题项 3	事先设定的目标是我们开展创业活动的起点
	题项 4	我们主要基于事先设定的目标推进创业活动
	题项 5	事先设定的目标会显著影响我们对创业活动的规划
	题项 1	预期回报是我们在创业活动中进行相关决策的决定性因素
	题项 2	在充分考虑预期回报的基础上制定项目预算
预期回报	题项 3	我们主要通过对未来回报率的分析来选择我们的创业项目
	题项 4	我们主要基于对预期回报率的衡量来决定相关资金的支出

（续表）

竞争分析	题项1	我们尝试通过市场调查和竞争分析来识别创业活动的风险
	题项2	我们的每项创业决策都经过系统全面的市场分析后形成
	题项3	我们主要通过市场分析来识别创业活动中的早期风险，以确保创业方案得以实施
	题项4	为了识别创业风险，我们主要关注市场分析的结果以及对未来的预测情况
避免意外事件	题项1	我们只有在最初设定的创业目标面临风险时，才会审视创业活动中出现的意外事件
	题项2	创业过程中，我们主要关注事先设定的目标是否按计划进行，没有任何延期
	题项3	创业过程中，新机会和新发现对最初的创业目标没有任何影响
	题项4	创业活动开始前，我们就已经制订了详细的创业计划
	题项5	我们最关心的是最初的创业目标是否在计划期内得以实现

3. 认知风格的测量

本研究借鉴 Allinson 和 Hayes（1996）开发的直觉—分析型认知风格作为自变量的分类维度，选取 Epstein 等人 1996 年开发出来的理性经验库存量表。该量表认为直觉和分析两个维度是二分且相互独立的，总共31个题项，包含认知需求和直觉信念两个相互独立的部分。第一个部分是认知需求，最早是由 Cacioppo 和 Petty 于 1982 年开发出来，含义是个人在多大程度上表示自己喜欢参与或不喜欢且避免的认知活动，Epstein 等人（1996）选取了其中19个题项来测量理性思维，也就是分析型认知风格。第二个部分是直觉信念，该部分强调用第一印象作为决策和行动的基础，Epstein 等人（1996）开发了12个题项来测量直觉经验的思维方式，也就是直觉型认知风格。

为了进一步适应大规模的组织行为调研，Epstein 等人（1999）进一步研究开发出了简版的理性经验库存量表，就是在认知需求和直觉信念两个维度中各选取了5个最有效的题项。在这10个题项中，用"我不喜欢思考""我不喜欢做需要深度思考的事情""我喜欢处理复杂的问题而不是简单的问题"等题项来测量分析型认知风格,用"我相信自己的直觉""我对人的第一感觉总是正确""我经常根据第一感觉来判断一个人是否可信"等题项来测量直觉型认知风格。直觉—分析型认知风格量表见表 3 - 3 所列。

表 3 - 3　直觉—分析型认知风格量表

	题项 1	我不喜欢思考
	题项 2	我不喜欢做需要深度思考的事情
认知需求	题项 3	我喜欢从事挑战自己思维能力的工作而不是机械重复的工作
	题项 4	我喜欢处理复杂的问题而不是简单的问题
	题项 5	我不喜欢做需要长时间思考的事情
	题项 1	我相信自己对人的第一感觉
	题项 2	我相信自己的直觉
直觉信念	题项 3	我对人的第一感觉总是正确
	题项 4	我经常根据第一感觉来判断一个人是否可信
	题项 5	虽然无法解释,但我确实可以感觉到一个人是否可信

4. 环境不确定性的测量

本研究基于 Downey 等人(1975)对环境不确定性的理论建构,参考 Jaworski、Kohli(1993)提出的环境不确定性测量量表基础上,依据奈特不确定性,借鉴李梓涵昕、王侃、李昌文(2018)的研究成果,开发出符合中国情境的环境不确定性测量方法。环境不确定性量表见表 3 - 4 所列。

表 3 - 4　环境不确定性量表

	题项 1	我们的产业环境中蕴藏着不可预测的风险因素
	题项 2	我们所处市场中可感知的各种风险因素的概率分布未知
环境不确定性	题项 3	我们对于宏观经济社会环境中的变动趋势非常敏感
	题项 4	我们对于国内外竞争对手的竞争动向十分敏感
	题项 5	我们对于产业消费群体的价值需求偏好变化非常敏感

5. 控制变量的测量

本研究控制了一些可能会影响创业者使用决策逻辑的因素，借鉴先前研究创业决策逻辑影响因素的研究思路，选取了性别（虚拟变量，"女性"=0，"男性"=1）、年龄（连续变量）、受教育程度（虚拟变量，"初中及以下"=0，"高中"=1，"专科"=2，"本科"=3，"研究生及以上"=4）以及创业者是否有创业经验（虚拟变量，"无先前创业经验"=0，"有先前创业经验"=1）作为控制变量。

3.3.4　数据分析方法

本章运用 SPSS 22 分析软件处理调查数据。实证研究主要采用了因子分析、信度和效度检验、描述性统计和相关分析以及多元线性回归的数据分析方法。

首先，对变量进行因子分析，主要是反映各变量题项的因子载荷，从而为进一步了解问卷题项的效度奠定基础。

其次，信度检验能够反映出量表测量的内部一致性，用 Cronbach's α 系数计量。Cronbach's α 系数的取值在 0—1 范围内，系数越接近于 1 则信度越高。Cronbach's α 系数一般不得低于 0.6，表明量表的测量能够避免随机误差。效度检验是检验结果的有效性，结合因子分析结果，运用 KMO 值（KMO 值一般不低于 0.6）以及是否通过 Bartlett 球形检验来检验量表的效度（薛薇，2013）。

再次，运用描述性统计和相关性分析对问卷结果进行初步分析。描述性统计分析包括变量的最小值、最大值、平均值和标准差，相关性分析是对各变量之间的相关关系做初步的检验，为接下来的回归检验奠定基础。

最后，运用多元层级回归方法对认知风格与创业决策逻辑之间的因果关系以及环境不确定性的调节作用进行检验。在逐渐加入变量的过程中，运用 R^2、调整 R^2 的变化程度以及 F 值的显著性来判定模型的拟合程度。

3.4　直觉—分析型认知风格对创业决策逻辑影响的实证分析与结果

3.4.1　样本基本特征

从样本的地区分布来看，本次调研的创业者地区分布较广，涉及 27 个省区、直辖市和自治区。具体来看，有 105 个样本是安徽省创业者（占样本总数的 31.25%），宁夏回族自治区有 46 位创业者（占样本总数的 13.69%），江苏省的创业者有 29 人（占样本总数的 8.63%），河北省有 24 位创业者（占样本总数的 7.14%），江西省和广东省的创业者各有 17 人（各占样本总数的 5.06%），北京市的创业者有 16 人（占样本总数的 4.76%），天津市有 12 位创业者（占样本总数的 3.57%），浙江省有 11 位创业者（占样本总数的 3.27%），剩下的包括上海市、山东省、广西壮族自治区、湖北省等 18 个省区、直辖市和自治区共有 59 人（占样本总数的 17.57%）。

从新企业的行业分布情况来看，本次调研的样本中有 45 位创业者在制造业创业（占样本总数的 13.39%），有 44 位创业者在批发和零售业创业（占样本总数的 13.10%），有 41 位创业者在专业性服务行业创业（占样本总数的 12.20%），有 22 位创业者在餐饮、酒店和宾馆行业创业（占样本总数的 6.55%），有 20 位创业者在农、林、牧、渔业创业（占样本总数的 5.95%），有 14 位创业者在通讯和通信业创业（占样本总数的 4.17%），有 12 位创业者在广告业创业（占样本总数的 3.57%），有 10 名创业者在建筑业创业（占样本总数的 2.98%），此外还有 128 位创业者在电力、煤气、水的生产和供应业、银行业、动漫产业、房地产等行业创业（占样本总数的 38.09%）。

在创业者个体层面，本研究选取性别、年龄、受教育程度、有无先前创业经验这 4 个样本特征进行统计。在样本性别方面，本次调研的男性创业者有 210 人（占样本总数的 62.50%），女性创业者有 126 人（占样本总数的 37.50%）。在样本年龄方面，本次调研的样本中 20 岁以下的创业者 1 人（占样本总数的 0.29%），21—30 岁的创业者共有 85 人（占样本总数的 25.30%），31—40 岁的创业者共有 157 人（占样本总数的 46.73%），41—50 岁的创业者有 69 人（占样本总数的 20.54%），51—60 岁的创业者有 21 人（占样本总数的 6.25%），60 岁以上的创业者有 3 人（占样本总数的 0.89%）。在创业者的受教育程度方面，教育程度为初中及以下学历的创业者有 38 人（占样本总数的 11.31%），高中学历的创业者有 33 人（占样本总数的 9.82%），专科学历的创业者有 67 人（占样本总数的 19.94%），本科学历的创业者有 138 人（占样本总数的 41.07%），研究生及以上学历的创业者有 60 人（占样本总数的 17.86%）。在有无先前创业经验方面，209 位样本是首次创业的创业者（占样本总数的 62.20%），127 位创业者有过先前创业经验（占样本总数的 37.80%）。样本的基本特征见表 3-5 所列。

表 3-5　样本基本特征统计

	项目	单位（人）	占比（%）		项目	单位（人）	占比（%）
地区分布	安徽省	105	31.25	行业分布	制造业	45	13.39
	宁夏回族自治区	46	13.69		批发和零售业	44	13.10
	江苏省	29	8.63		专业性服务行业	41	12.20
	河北省	24	7.14		餐饮、酒店和宾馆行业	22	6.55
	江西省	17	5.06				
	广东省	17	5.06		农、林、牧、渔业	20	5.95
	北京市	16	4.76				
	天津市	12	3.57		通讯和通信业	14	4.17
	浙江省	11	3.27		广告业	12	3.57
	其他	59	17.57		建筑业	10	2.98
性别	男性	210	62.50		其他	128	38.09
	女性	126	37.50	受教育程度	初中及以下	38	11.31
年龄	20 岁以下	1	0.29		高中	33	9.82
	21—30 岁	85	25.30		专科	67	19.94
	31—40 岁	157	46.73		本科	138	41.07
	41—50 岁	69	20.54		研究生及以上	60	17.86
	51—60 岁	21	6.25	先前创业经验	有创业经验	127	37.80
	60 岁以上	3	0.89		无创业经验	209	62.20

3.4.2　因子分析和信度分析

表 3 - 6 列示了变量的信度与效度检验结果。所有变量的 Cronbach's α 和 CR 值全部都在 0.8 以上，说明测量条目具有较好的内部一致性，调查问卷具有较高的信度。变量测量条目的因子载荷值均大于 0.6，说明本研究的构念具有较好的效度（Fornell、Larcker，1981）。

3.4.3　描述性统计分析和相关分析

表 3 - 7 列示了变量的描述性统计和相关分析结果。对角线上表示 AVE 的开方值，该数值均大于所在行和所在列相关系数的绝对值，说明变量之间有较好的区别效度（Fornell、Larcker，1981）。

3.4.4　回归分析

1. 直觉型认知风格、效果逻辑和环境不确定性的回归分析

表 3 - 8 给出了直觉型认知风格与效果逻辑的回归结果。模型 1—3 以手段导向为因变量，模型 4—6 以可承受损失为因变量，模型 7—9 以战略联盟为因变量，模型 10—12 以利用意外事件为因变量。在手段导向维度，模型 1—2 的 F 值均显著，表示回归模型整体解释变异量达到了显著性水平，模型 3 的 F 值没有达到统计学上的显著性。随着自变量、调节变量以及交互项的逐步加入，模型 2—3 的 R^2 显著提高。模型 1—2 的拟合度良好，模型 3 的拟合度较差。在模型 2 中，直觉型认知风格与手段导向呈显著正向关系（$\beta = 0.360$，$P<0.001$），表明具备直觉型认知风格的创业者更倾向于运用手段导向的决策逻辑，假设 1a 得到验证。由于模型 3 的整体拟合度较差，可以得出环境不确定性在直觉型认知风格和手段导向之间的关系中无调节作用，因此假设 3a 未得到支持。

表3-6 变量的信度与效度检验

变量		条目	因子载荷	信度和效度分析
效果逻辑	手段导向	题项1	0.796	Cronbach's α=0.822
		题项2	0.790	CR=0.926
		题项3	0.892	AVE=0.716
		题项4	0.873	
		题项5	0.873	
	可承受损失	题项1	0.794	Cronbach's α=0.859
		题项2	0.843	CR=0.926
		题项3	0.857	AVE=0.716
		题项4	0.859	
	战略联盟	题项1	0.869	Cronbach's α=0.857
		题项2	0.853	CR=0.904
		题项3	0.892	AVE=0.703
		题项4	0.730	
	利用意外事件	题项1	0.686	Cronbach's α=0.826
		题项2	0.787	CR=0.878
		题项3	0.832	AVE=0.591
		题项4	0.750	
		题项5	0.781	
因果逻辑	目标导向	题项1	0.835	Cronbach's α=0.901
		题项2	0.822	CR=0.927
		题项3	0.873	AVE=0.717
		题项4	0.889	
		题项5	0.811	
	预期回报	题项1	0.874	Cronbach's α=0.891
		题项2	0.869	CR=0.925
		题项3	0.868	AVE=0.753
		题项4	0.863	
	竞争分析	题项1	0.848	Cronbach's α=0.885
		题项2	0.877	CR=0.921
		题项3	0.875	AVE=0.745
		题项4	0.849	
	避免意外事件	题项1	0.778	Cronbach's α=0.819
		题项2	0.837	CR=0.874
		题项3	0.684	AVE=0.584
		题项4	0.751	
		题项5	0.758	

（续表）

变量	条目	因子载荷	信度和效度分析
直觉型认知风格	题项 1	0.820	Cronbach's α=0.864 CR=0.902 AVE=0.649
	题项 2	0.858	
	题项 3	0.799	
	题项 4	0.783	
	题项 5	0.766	
分析型认知风格	题项 1	0.879	Cronbach's α=0.694 CR=0.933 AVE=0.737
	题项 2	0.870	
	题项 3	0.873	
	题项 4	0.854	
	题项 5	0.816	
环境不确定性	题项 1	0.310	Cronbach's α=0.870 CR=0.906 AVE=0.659
	题项 2	0.830	
	题项 3	0.821	
	题项 4	0.812	
	题项 5	0.785	

表 3 - 7　变量的描述性统计和相关分析

	变量	均值	标准差	1	2	3	4	5	6	7	8	9	10	11	12	13	14	15
1	性别	0.63	0.48	N/A														
2	年龄	36.92	8.52	0.097	N/A													
3	受教育程度	2.44	1.22	0.237***	0.000	N/A												
4	创业经验	0.38	0.49	0.160**	0.170**	-0.077	N/A											
5	直觉型认知风格	4.58	1.35	0.094	0.037	0.082	0.021	0.806										
6	分析型认知风格	3.92	1.20	-0.026	0.016	-0.075	0.103	0.454***	0.858									
7	环境不确定性	4.93	1.29	0.181**	0.089	0.144**	0.089	0.431***	0.352***	0.812								
8	手段导向	4.95	1.32	0.164**	0.038	0.268***	0.043	0.388***	0.209***	0.495***	0.846							

（续表）

	变量	均值	标准差	1	2	3	4	5	6	7	8	9	10	11	12	13	14	15
9	可承受损失	4.79	1.42	0.001	−0.011	0.078	0.028	0.312***	0.214***	0.468***	0.678***	0.846						
10	战略联盟	4.89	1.38	0.150**	0.017	0.270***	0.003	0.374***	0.224***	0.585***	0.698***	0.712***	0.838					
11	利用意外事件	4.73	1.28	0.082	−0.023	0.211***	−0.087	0.441***	0.229***	0.547***	0.639***	0.673***	0.720***	0.739				
12	目标导向	4.99	1.42	0.106	0.031	0.189***	0.043	0.355***	0.226***	0.546***	0.743***	0.714***	0.766***	0.665***	0.847			
13	预期回报	4.96	1.41	0.095	0.013	0.154**	0.036	0.323***	0.220***	0.562***	0.714***	0.763***	0.808***	0.715***	0.777***	0.868		
14	竞争分析	4.74	1.42	−0.003	0.042	0.120*	0.046	0.380***	0.229***	0.541***	0.586***	0.708***	0.728***	0.735***	0.691***	0.711***	0.863	
15	避免意外事件	4.49	1.30	−0.007	0.027	0.110*	−0.017	0.435***	0.302***	0.577***	0.568***	0.650***	0.660***	0.734***	0.643***	0.615***	0.680***	0.764

注：* 表示显著性水平 P 小于 0.05，** 表示 P 小于 0.01，*** 表示 P 小于 0.001；N/A 表示不适合分析；斜对角线上为 AVE 的开方值。

表3-8 直觉型认知风格与效果逻辑的回归结果

变量	手段导向			可承受损失			战略联盟			利用意外事件		
	模型1	模型2	模型3	模型4	模型5	模型6	模型7	模型8	模型9	模型10	模型11	模型12
性别	0.099	0.07	0.029	-0.019	-0.044	-0.092	0.089	0.061	0.007	0.051	0.016	-0.033
	(0.151)	(0.141)	(0.131)	(0.169)	(0.162)	(0.148)	(0.158)	(0.148)	(0.129)	(0.149)	(0.134)	(0.120)
年龄	0.021	0.011	-0.003	-0.016	-0.025	-0.040	0.008	-0.003	-0.024	-0.014	-0.027	-0.042
	(0.008)	(0.008)	(0.007)	(0.009)	(0.009)	(0.008)	(0.009)	(0.008)	(0.007)	(0.008)	(0.007)	(0.007)
受教育程度	0.250***	0.225***	0.182***	0.090	0.069	0.018	0.250***	0.225***	0.173***	0.193**	0.164**	0.111*
	(0.059)	(0.055)	(0.052)	(0.066)	(0.063)	(0.059)	(0.062)	(0.058)	(0.051)	(0.058)	(0.053)	(0.047)
创业经验	0.04	0.039	0.017	0.036	0.035	0.009	0.006	0.005	-0.025	-0.079	-0.079	-0.106*
	(0.148)	(0.138)	(0.128)	(0.166)	(0.158)	(0.145)	(0.155)	(0.145)	(0.126)	(0.146)	(0.132)	(0.117)
直觉		0.360***	0.460**		0.307***	0.450**		0.351***	0.355**		0.429***	0.590***
		(0.048)	(0.141)		(0.056)	(0.159)		(0.051)	(0.139)		(0.046)	(0.129)
环境不确定性			0.559***			0.664***			0.654***			0.696***
			(0.115)			(0.130)			(0.113)			(0.105)
直觉*不确定性			-0.383			-0.483*			-0.317			-0.519**
			(0.026)			(0.030)			(0.026)			(0.024)
R^2	0.086	0.214	0.329	0.008	0.101	0.256	0.081	0.202	0.401	0.052	0.233	0.399
调整 R^2	0.075	0.202	0.315	-0.004	0.088	0.24	0.070	0.19	0.389	0.041	0.221	0.386
F值	7.779***	17.918***	3.551	0.696	7.409***	5.096*	7.261***	16.671***	2.735	4.535***	19.987***	7.291**

注：* 表示显著性水平 P 小于 0.05，** 表示 P 小于 0.01，*** 表示 P 小于 0.001，括号内为标准差。

在可承受损失维度，模型 5—6 的 F 值均显著，表示回归模型整体解释变异量达到了显著性水平。随着自变量、调节变量和交互项的逐步加入，模型 5—6 的 R^2 显著提高，表明模型拟合度可接受。由模型 5 可知，直觉型认知风格与可承受损失呈显著正向关系（$\beta = 0.307$，$P < 0.001$），表明具备直觉型认知风格的创业者更倾向于运用可承受损失的决策逻辑，假设 1b 得到验证。由模型 6 可知，直觉型认知风格和环境不确定性的交互项与可承受损失的回归系数为 -0.483（$P < 0.05$），二者呈显著负向关系，表明在环境不确定性程度较高的情况下，直觉型认知风格的创业者对运用可承受损失决策逻辑的倾向性会减弱，假设 3b 得到逆向支持。

在战略联盟维度，模型 7—8 的 F 值显著，表示回归模型整体解释变异量达到了显著性水平，模型 9 的 F 值未达到显著性水平。随着自变量、调节变量和交互项的逐步加入，模型 8—9 的 R^2 显著提高。模型 7—8 的拟合度良好。在模型 8 中，直觉型认知风格与战略联盟呈显著正向关系（$\beta = 0.351$，$P < 0.001$），表明具备直觉型认知风格的创业者更倾向于运用战略联盟的决策逻辑，假设 1c 得到验证。由于模型 9 的整体拟合度较差，可以得出环境不确定性在直觉型认知风格和战略联盟之间的关系中无调节作用，因此假设 3c 未得到支持。

在利用意外事件维度，模型 10—12 的 F 值均显著，表示回归模型整体解释变异量达到了显著性水平。随着自变量、调节变量以及交互项的逐步加入，模型 11—12 的 R^2 显著提高，表明模型拟合度可接受。在模型 11 中，直觉型认知风格与利用意外事件呈显著正向关系（$\beta = 0.429$，$P < 0.001$），表明具备直觉型认知风格的创业者更倾向于运用利用意外事件的决策逻辑，假设 1d 得到验证。由模型 12 可知，直觉型认知风格和环境不确定性的交互项与利用意外事件的回归系数为 -0.519（$P < 0.01$），具备统计学意义上的显著性，当环境不确定性程度越高时，具备直觉型认知风格的创业者会减少运用利用意外事件的决策逻辑，因此假设 3d 得到逆向支持。

2. 分析型认知风格、因果逻辑和环境不确定性的回归分析

表 3-9 给出了分析型认知风格与因果逻辑的回归结果。模型 1—3 以目标导向为因变量，模型 4—6 以预期回报为因变量，模型 7—9 以竞争分析为因变

表3-9 分析型认知风格与因果逻辑的回归结果

变量	目标导向			预期回报			竞争分析			避免意外事件		
	模型1	模型2	模型3	模型4	模型5	模型6	模型7	模型8	模型9	模型10	模型11	模型12
性别	0.055	0.063	-0.01	0.055	0.061	-0.015	-0.048	-0.041	-0.117*	-0.034	-0.034	-0.103*
	(0.166)	(0.161)	(0.142)	(0.166)	(0.162)	(0.140)	(0.167)	(0.163)	(0.142)	(0.155)	(0.155)	(0.126)
年龄	0.018	0.018	-0.01	0.001	0.001	-0.028	0.037	0.036	0.007	0.032	0.032	0.001
	(0.009)	(0.009)	(0.008)	(0.009)	(0.009)	(0.008)	(0.009)	(0.009)	(0.008)	(0.009)	(0.009)	(0.007)
受教育程度	0.180**	0.194***	0.107*	0.143*	0.157**	0.063	0.136*	0.150**	0.059	0.120*	0.120*	0.047
	(0.065)	(0.063)	(0.057)	(0.065)	(0.064)	(0.056)	(0.066)	(0.064)	(0.057)	(0.061)	(0.061)	(0.050)
创业经验	0.044	0.019	0.003	0.038	0.014	-0.003	0.057	0.033	0.017	-0.011	-0.011	-0.060
	(0.163)	(0.159)	(0.139)	(0.163)	(0.160)	(0.137)	(0.165)	(0.161)	(0.139)	(0.152)	(0.152)	(0.123)
分析		0.240***	0.32		0.232***	0.344*		0.235***	0.321		0.317***	0.364*
		(0.062)	(0.194)		(0.062)	(0.191)		(0.063)	(0.194)		(0.057)	(0.172)
环境不确定性			0.691***			0.752***			0.723***			0.718***
			(0.129)			(0.126)			(0.129)			(0.114)
分析*环境不确定性			-0.377			-0.439*			-0.396			-0.350
			(0.036)			(0.035)			(0.036)			(0.031)
R²	0.042	0.099	0.32	0.028	0.081	0.332	0.021	0.075	0.316	0.015	0.099	0.32
调整R²	0.031	0.085	0.305	0.017	0.067	0.318	0.009	0.061	0.302	0.003	0.085	0.305
F值	3.652**	7.228***	2.881	2.418*	5.824***	3.985***	1.747	5.356***	3.162	1.237	8.418***	2.682

注: * 表示显著性水平 P 小于 0.05, ** 表示 P 小于 0.01, *** 表示 P 小于 0.001, 括号内为标准差。

量，模型 10—12 以避免意外事件为因变量。在目标导向维度，模型 1—2 的 F
值均显著，表示回归模型整体解释变异量达到了显著性水平，模型 3 的 F 值
不具有统计学上的显著性。随着自变量、调节变量以及交互项的逐步加入，
模型 2—3 的 R^2 显著提高。模型 1—2 拟合度良好，模型 3 的拟合度较差。在
模型 2 中，分析型认知风格与目标导向呈显著正向关系（$\beta = 0.240$，
$P<0.001$），表明具备分析型认知风格的创业者更倾向于运用目标导向的决策
逻辑，假设 2a 得到验证。由于模型 3 的整体拟合度较低，可以得出环境不确
定性在分析型认知风格和目标导向之间的关系中无调节作用，因此假设 3e 未
得到支持。

在预期回报维度，模型 4—6 的 F 值均显著，表示回归模型整体解释变异
量达到了显著性水平。随着自变量、调节变量以及交互项的逐步加入，模型
5—6 的 R^2 显著提高。模型 4—6 的拟合度良好。在模型 5 中，分析型认知风
格与预期回报呈显著正向关系（$\beta = 0.232$，$P<0.001$），表明具备分析型认知
风格的创业者更倾向于运用预期回报的决策逻辑，假设 2b 得到验证。由模型
6 可知，分析型认知风格和环境不确定性的交互项与预期回报的回归系数为
-0.439（$P<0.05$），具备统计学上的显著性，因此可得当环境不确定性程度
越高时，具备分析型认知风格的创业者会减少运用预期回报的决策逻辑，假
设 3f 得到支持。

在竞争分析维度，模型 8 的 F 值显著，表示回归模型整体解释变异量达
到了显著性水平，模型 7 和模型 9 的 F 值不具有统计学意义上的显著性。随
着自变量、调节变量以及交互项的逐步加入，模型 8—9 的 R^2 显著提高。模型
8 的拟合度良好，模型 7 和模型 9 的拟合度较差。由模型 8 可知，分析型认知
风格与竞争分析呈显著正向关系（$\beta = 0.235$，$P<0.001$），表明具备分析型认
知风格的创业者更倾向于运用竞争分析的决策逻辑，假设 2c 得到验证。由于
模型 9 的整体拟合度较低，因此可以得出环境不确定性在分析型认知风格和
竞争分析之间的关系中无调节作用，假设 3g 未得到支持。

在避免意外事件维度，模型 11 的 F 值显著，表示回归模型整体解释变异
量达到了显著性水平，模型 10 和模型 12 的 F 值不具备统计学上的显著性。
随着自变量、调节变量以及交互项的逐步加入，模型 11—12 的 R^2 显著提高。

模型 11 的拟合度良好，模型 10 和模型 12 的拟合度较差。由模型 11 可知，分析型认知风格与避免意外事件呈显著正向关系（$\beta = 0.317$，$P < 0.001$），表明具备分析型认知风格的创业者更倾向于运用避免意外事件的决策逻辑，假设 2d 得到验证。由于模型 12 的整体拟合度较低，因此可以得出环境不确定性在分析型认知风格和避免意外事件之间的关系中无调节作用，假设 3h 未得到支持。

直觉—分析型认知风格对创业决策逻辑影响的假设检验结果见表 3 - 10 所列。

表 3 - 10　直觉—分析型认知风格对创业决策逻辑影响的假设检验结果

假设	假设内容	验证结果
假设 1a	直觉型认知风格的创业者倾向于运用手段导向的决策逻辑	支持
假设 1b	直觉型认知风格的创业者倾向于运用可承受损失的决策逻辑	支持
假设 1c	直觉型认知风格的创业者倾向于运用战略联盟的决策逻辑	支持
假设 1d	直觉型认知风格的创业者倾向于运用利用意外事件的决策逻辑	支持
假设 2a	分析型认知风格的创业者倾向于运用目标导向的决策逻辑	支持
假设 2b	分析型认知风格的创业者倾向于运用预期回报的决策逻辑	支持
假设 2c	分析型认知风格的创业者倾向于运用竞争分析的决策逻辑	支持
假设 2d	分析型认知风格的创业者倾向于运用避免意外事件的决策逻辑	支持
假设 3a	环境不确定性正向调节直觉型认知风格与手段导向决策逻辑之间的正向关系	不支持
假设 3b	环境不确定性正向调节直觉型认知风格与可承受损失决策逻辑之间的正向关系	逆向支持
假设 3c	环境不确定性正向调节直觉型认知风格与战略联盟决策逻辑之间的正向关系	不支持
假设 3d	环境不确定性正向调节直觉型认知风格与利用意外事件决策逻辑之间的正向关系	逆向支持
假设 3e	环境不确定性负向调节分析型认知风格与目标导向决策逻辑之间的正向关系	不支持
假设 3f	环境不确定性负向调节分析型认知风格与预期回报决策逻辑之间的正向关系	支持

（续表）

假设	假设内容	验证结果
假设 3g	环境不确定性负向调节分析型认知风格与竞争分析决策逻辑之间的正向关系	不支持
假设 3h	环境不确定性负向调节分析型认知风格与避免意外事件决策逻辑之间的正向关系	不支持

3.4.5　实证结果分析

假设 1a 得到数据支持，即具备直觉型认知风格的创业者在创业过程中倾向于运用手段导向的决策逻辑。创业直觉思维的迅速性和低成本有助于创业者在创业活动中使用手段导向的决策逻辑。具体来说，直觉型认知风格的创业者思维迅速，不倾向于依赖外界环境信息（Sadler-Smith，2016），能够依据"我是谁""我知道什么""我认识谁"这 3 个原则迅速整合现有资源进行低成本的试验，从而优化决策过程，促进创业成功。同样的，手段导向的决策逻辑强调创业者根据已有资源形成"手段—目标"的桥梁关系进行决策，在创业情境中迅速行动，促进新企业的生成与发展。

假设 1b 得到数据支持，即具备直觉型认知风格的创业者在创业过程中倾向于运用可承受损失的决策逻辑。Allinson 和 Hayes（1996）指出直觉型认知风格强调"即刻的判断"，具体而言就是为了抓住眼前的机会，积极迅速地对周围信息进行大致判断，快速且高效地做出决策。效果逻辑可承受损失原则强调创业者在创业过程中投入资源不依据利益最大化，而是在创业者可承受损失的范围内进行资源投入（Sarasvathy，2001）。从成本的角度考虑，直觉型认知风格快速且高效的决策思维节省了大量的资源，迅速决策的思维逻辑为成本导向的效果逻辑决策模式提供了支持（张慧玉、李华晶、胡望斌，2016）。因此，直觉型认知风格创业者更愿意以自身可承受损失的标准投入资源进行创业。

假设 1c 得到数据支持，即具备直觉型认知风格的创业者在创业过程中倾向于运用战略联盟的决策逻辑。在构建战略联盟时，创业者常常对自身产品的盈利性有着乐观的估计，会积极地与利益相关者进行互动形成战略联盟，做出预先承诺，同时获取利益相关者的预先承诺以减少不确定性带来的风险。不确定性风险减少，创业者对于创业成功更加自信。上文提出，Kickul 等人（2009）发现直觉型创业者在创业实践中更加具有决策自信，因此，具备直觉型认知风格的创业者会积极运用战略联盟来促进新企业的生成与发展。

假设 1d 得到数据支持，即具备直觉型认知风格的创业者在创业过程中更倾向于运用利用意外事件的决策逻辑。创业者会积极面对偶然发生的意外事件，适应环境的变化，努力将意外事件转化为新的创业机会，这个过程就是发现创业机会的过程（Müller，2010）。同时，Mueller 和 Shepherd（2016）发现拥有直觉思维的创业者能够提高自身识别创业机会的能力。因此，具备直觉型认知风格的创业者会迅速将创业情境中的模糊性转化为自身经验，提高自身机会识别的能力，从而促进利用意外事件决策逻辑的使用。

假设 2a 得到数据支持，即具备分析型认知风格的创业者在创业过程中倾向于运用目标导向的决策逻辑。分析型认知风格强调线性的思维，具备该认知风格的个体在决策时倾向于进行调研分析，在制定好目标之后，按照规律性的路径去实践（Kirton，1976）。Harms 和 Schiele（2012）发现因果逻辑是一种线性的"计划"方法，目标导向决策方式强调的就是"线性"的决策逻辑。具体而言，个体在决策之前进行信息的调研、收集和处理，从而预定好目标，然后根据既定的目标投入相应资源进行决策。因此，直觉型认知风格的创业者在创业过程中，会更倾向于发挥自身长处，采用目标导向的决策逻辑。

假设 2b 得到数据支持，即具备分析型认知风格的创业者在创业过程中倾向于运用预期回报的决策逻辑。分析型认知风格强调"一致性"和"规律性"，在处理信息时，具备该风格的个体更倾向于运用规律化的模型进行信息分析和决策（Armstrong、Hird，2009）。预期回报的潜在逻辑在于个体基于信息收集、处理和分析，运用结构化、规律性的方法或模型推导出预期收益，然后进行决策。McKelvie 等（2013）发现预期回报原则的基础是"线性和目标驱动的分析过程"。分析型认知风格的特质为预期回报的决策逻辑提供了逻辑解释。在创业实践中，分析型认知风格的创业者更倾向于按照线性的逻辑路径，采用预期回报的决策逻辑。

　　假设 2c 得到数据支持，即具备分析型认知风格的创业者在创业过程中倾向于运用竞争分析的决策逻辑。Barbosa 等人（2007）认为分析型认知风格的个体具有较低的风险倾向性，比起直觉型个体，他们对于风险的敏感程度较高。Simon（1959）发现在面对竞争对手等利益相关者时，决策者会在高风险的驱使下，尽可能多地收集利益相关者的信息，提高自身产品差异化水平，增加企业竞争优势。因此，分析型认知风格的创业者在低风险承受能力的驱使下，会运用竞争分析的决策逻辑，分析企业竞争优势和劣势，从而采取相应的策略提高企业的竞争力。

　　假设 2d 得到数据支持，即具备分析型认知风格的创业者在创业过程中倾向于运用避免意外事件的决策逻辑。Kickul 等人（2009）认为具有分析型认知风格的个体对他们评估、计划和调动资源的能力更有信心，但对自身寻找和发现新机会的能力没有信心。创业初期频频发生的意外事件本身就是创业机会，而分析型认知风格的创业者不认为自己有能力可以发现新的创业机会，因此会倾向于规避这些意外事件。此外，在创业过程中，分析型认知风格的创业者认为全面了解信息的难度会随着意外事件的发生而增加，在低风险承受能力的驱使下，为了能够顺利预测未来，减少不确定性，他们会采用预测的方法去避免意外事件。

　　假设 3a 没有得到数据支持，即环境不确定性对直觉型认知风格和手段导向之间的关系没有调节作用。对这一结果可能的解释是直觉型认知风格的创业者由于思维惯性，会更多地关注自身具有的知识和经验（Allinson、Hayes，1996），从而整合出创业过程中既有的手段和资源，不倾向于对外部环境进行分析。同时，直觉型认知风格的个体风险承受能力较高（Barbosa、Gerhardt、Kickul，2007）。即使环境不确定性较高，他们也不会感受到高风险，从而不会过多地关注环境特征。无论创业环境怎样，直觉型认知风格的创业者都会运用手段导向的决策逻辑。

　　假设 3b 得到数据的逆向支持，即环境不确定性越大，直觉型认知风格的创业者会减少对可承受损失决策逻辑的运用。创业者在高环境不确定性中进行创业活动会投入更多的资源，运用创业直觉也不会促使创业者运用可承受损失的决策逻辑。因此，高环境不确定性意味着高的机会创新性，为了抓住新的创业机会，创业者会考虑投入更多的资源，使得投入的创业资源可能会超过可承受损失的范围。

假设 3c 没有得到数据支持，即环境不确定性对直觉型认知风格和战略联盟之间的关系没有调节作用。环境不确定性之所以对战略联盟无影响作用，是因为创业者在面对高失败风险的创业环境时，为了达到减少创业成本的目的，会将创业规模控制在一定的规模内，不会积极寻求与利益相关者建立战略联盟关系（McKelvie et al.，2011）。直觉型认知风格在感性的思维方式下会注重决策的满意度（Sadler-Smith，2016），当具备直觉的创业者面临高环境不确定性时，比起冒风险进行战略联盟活动，控制创业规模使他们更加满意，因此环境不确定性对直觉型认知风格和战略联盟之间的关系没有调节作用。

假设 3d 得到数据的逆向支持，即环境不确定性越大，直觉型认知风格的创业者会减少对利用意外事件决策逻辑的运用。具体来说，尽管直觉型认知风格的创业者会利用自身灵活和善于创新的优势积极处理创业过程中高频发生的意外事件（Sadler-Smith，2016），但是当环境不确定性增加时，未来环境会发生几种情形以及各种情形发生的概率分布都是不确定的，此时会发生什么样的意外事件以及会朝什么方向发展都是未知的（Brooke，2010）。创业者面临高度不确定性的环境时可能会对意外事件采取较为保守的态度，从而不使用利用意外事件的决策逻辑。

假设 3e 没有得到数据支持，即环境不确定性对分析型认知风格和目标导向之间的关系没有调节作用。Groves 等人（2008）认为分析型认知风格具备线性的思维方式。同时，McKelvie（2013）认为因果逻辑专注于目标驱动和过程分析，拥有线性思维的决策者运用结构化的决策模型计算并实施计划，以达成预先设定的目标。因此，对该结论的解释是分析型认知风格的创业者在创业时，其线性思维决定了无论在什么情况下都会进行目标分析，从而即使环境具有不确定性，他们也会搜集信息，进行预测分析，依据制定出的目标进行创业决策。

假设 3f 得到数据支持，即环境不确定性越大，分析型认知风格的创业者会减少对预期回报决策逻辑的运用。预期回报决策逻辑的内涵在于创业者会更关注创业投资带来的预期回报，追求利益最大化，要计算出投资的预期回报，则需要利用概率论的方法进行计算（Brettel et al.，2012）。在环境不确定性较高的情形下，个体对未来状况的主观预测具有高度不确定性，未来状况的概率也是未知的（奈特，1921）。在这样的情形下，创业者很难计算出预期回报。分析型认知风格的个体倾向于利用市场信息和结构化的管理决策模型追求利益最大化（Allinson、Chell、Hayes，2000）。环境不确定性程度越高，说明市场信息越模糊，分析型认知风格的个体无法发挥自身优势，从而不倾向于运用预期回报的决策逻辑。

假设 3g 没有得到数据支持，即环境不确定性对分析型认知风格和竞争分析之间的关系没有调节作用。对于此结论可能的解释是分析型认知风格的创业者的思维方式具有线性和规律性，且其风险承受能力也较低（Kirton，1976）。在面对利益相关者时，出于对风险的规避，分析型认知风格的创业者会快速进行竞争分析。这种线性的思维惯性使他们无论在什么样的情境下都会进行竞争分析。因此，无论环境不确定性如何，分析型认知风格的创业者都会使用竞争分析的决策逻辑。

假设 3h 没有得到数据支持，即环境不确定性对分析型认知风格和避免意外事件之间的关系没有调节作用。Kickul 等人（2009）认为理性逻辑下的分析型认知风格创业者具有线性的思维方式，这种规律性的特征会使具备该认知风格的创业者发现全面了解信息的难度会随着意外事件的发生而增加。为了能够更加全面地掌握信息，他们会倾向于避免意外事件，在线性思维的驱使下，他们不会过多考虑环境不确定性的特征，而是直接使用避免意外事件这种决策逻辑。

3.5　直觉—分析型认知风格对创业决策逻辑影响的研究结论

本研究运用问卷调研的方法对 336 名创业者的决策逻辑进行分析，旨在探索出不同认知风格的创业者在环境不确定的情境下对其决策逻辑的影响作用。本章的主要结论如下：

一是直觉型认知风格的创业者在创业过程中更倾向于运用效果逻辑。首先，在手段导向方面，直觉型认知风格的创业者会利用自身思维的迅速性和创新性，在复杂的创业情境中迅速整合自身已有的资源进行决策。其次，在可承受损失方面，直觉型认知风格的创业者依据对周围信息的"即刻判断"，高效且低成本地做出决策，节约了市场调研的成本，符合可承受损失决策逻辑的内在要求。再次，在战略联盟方面，直觉型认知风格的创业者运用创新性和灵活性的特征积极寻求利益相关者的预先承诺，从而减少不确定性，增加创业成功的自信。最后，在利用意外事件方面，直觉型认知风格的创业者能够快速适应意外事件频发的创业情境，积极拥抱变化，将意外事件转化为对创业有利的新生创业机会，不断增加创业资源，促进新企业的成立与发展。

二是分析型认知风格的创业者在创业过程中更倾向于运用因果逻辑。首先，在目标导向方面，分析型认知风格的创业者运用自身线性的思维方式，在决策之前进行信息的调研、收集和处理，制定目标，然后根据这个目标投入相应的资源进行创业。其次，在预期回报方面，分析型认知风格的创业者也是依据自身线性和规律性的思维方式，以利益最大化为导向，运用结构化的方法或模型推导出预期收益，然后进行创业活动。再次，在竞争分析方面，具备分析型认知风格的创业者风险承受能力较低，创业者在高风险的驱使下，对自身的市场地位进行竞争分析，提高自身产品差异化水平，增加企业竞争优势。最后，在避免意外事件方面，分析型认知风格的创业者会在低风险承受能力的驱使下，运用预测的方法避免意外事件，以保证创业活动按照事先预定的路径发展。

三是直觉型认知风格的创业者会倾向于使用效果逻辑，而环境不确定性对二者作用关系的调节效应也得到了部分支持。实证结果表明，环境不确定性程度越高，直觉型认知风格的创业者会减少对可承受损失和利用意外事件决策逻辑的运用。在可承受损失决策逻辑方面，尽管直觉型认知风格的创业者借助其处理事件时的灵活性和创新性大大减少了决策成本，但是当环境不确定性程度较高时，直觉型认知风格的创业者可能会考虑到不确定性带来的风险，尝试可承受损失之外的创业活动，从而增加创业成本。在利用意外事件方面，尽管直觉型认知风格的创业者会积极利用自身灵活和善于创新的优势积极处理创业过程中高频发生的意外事件，但是当环境不确定性增加时，创业者面临这种高风险性可能也会对意外事件采取较为保守的态度，从而减少使用利用意外事件的决策逻辑。

　　四是分析型认知风格的创业者会倾向于使用因果逻辑，而环境不确定性对二者作用关系的调节效应也得到了部分支持。实证结果表明，环境不确定性程度越高，分析型认知风格的创业者会减少对预期回报决策逻辑的运用。对这一结果的解释是尽管分析型认知风格的创业者会在创业过程中发挥自身善于分析调研数据的优势，运用线性的思维方式计算出最优的收益，但是当环境具有高度不确定性时，创业者可能很难收集到计算预期回报需要的信息数据，从而减少使用预期回报的决策逻辑。

第4章 认知学习理论视角下先前
经验对创业决策逻辑的影响

4.1 引言

　　创业决策一直是创业领域研究的热点问题。创业情境中较高的环境不确定性、目标模糊性，使得基于理性人假说的传统管理决策方式的有效性受到了质疑。为了更好地解释"为什么有些创业者能成功，有些不能成功""这种成功能不能靠后天学习"以及"这种成功能不能复制在其他创业者身上"等问题，有学者以创业者异质性为切入点，关注从创业情境中解析专家型创业者的创业思维（Dew et al.，2009）。

　　由于创业经验是区分专家型创业者与新生创业者最显著的差异特征，因此有学者开始聚焦于研究创业经验对其决策逻辑选择的影响（Dew et al.，2015）。Politis（2008）以231位创业者为调研对象，研究结果显示具有丰富创业经验的创业者在创业过程中更倾向于使用效果逻辑的决策方式，而非因果逻辑。Dew、Read、Sarasvathy和Wiltbank（2009）的研究成果也支持了这一结论。他们在对27位创业经验丰富的创业者与37位没有创业经历的MBA学生进行对比研究后发现，创业专家在决策过程中更有可能采用效果逻辑，缺乏创业经验的MBA学生则倾向于运用因果逻辑。这似乎表明了效果逻辑是专家型创业者独特的逻辑思维。然而，Brettel等人（2012）对这一观点提出了质疑，他们的研究结果表明没有创业经验的新生创业者在决策过程中更有可能会运用效果逻辑，而不是因果逻辑。同时，Hindle和Senderovitz（2010）通过对 22 家新企业进行案例研究分析后发现，创业专家更倾向于采用基于因果逻辑的决策方式。创业经验不足以解释创业者对决策逻辑的选择影响。先前经验是创业者在过往经历中所积累知识的总和，包含多种类型的经验，其改变了创业者的认知模式，并对决策思维产生影响。单一的创业经验维度可能会固化学者们对先前经验的认识。因此，有必要将创业决策逻辑影响因素聚焦于创业者先前经验，将其分为创业经验、管理经验以及行业经验 3 个维度，深入研究先前经验对创业决策逻辑选择的影响，以帮助创业者更好地进行决策。

此外，创业情境是嵌入在创业过程中的，环境不确定性是创业情境的最显著特征。创业者通过自身感知到环境中的不确定性，从而做出相应行为，进而影响其决策。现有研究中对于环境不确定性的作用尚未形成统一的结论。Read 等人（2009）研究发现，当环境不确定性程度越高，专家创业者在市场营销决策中更倾向于使用效果逻辑，而非因果逻辑。Reymen 等人（2015）基于 9 家新企业的数据，研究结果表明当创业者感知到较高的环境不确定性时，他们更有可能采用效果逻辑的决策方式，同时会减少对因果逻辑决策方式的使用。Harm 和 Schiele（2012）发现环境不确定性在调节创业决策逻辑选择的影响机制上没有显著作用。因此，环境不确定性对创业决策逻辑的作用需要进一步进行探讨。

基于此，本研究探讨创业情境下创业者先前经验（创业经验、管理经验、行业经验）对其创业决策逻辑（因果逻辑、效果逻辑）选择的影响机制。具体而言，重点研究两个问题：一是探究创业者的不同类型先前经验能否对其创业决策逻辑的选择产生影响；二是结合创业情境，探讨环境不确定性是否在创业者先前经验与创业决策逻辑之间的作用机制中发挥调节作用。

4.2　先前经验和创业决策逻辑作用关系的模型和假设

4.2.1　认知学习理论

本章主要在认知学习理论的基础上构建研究模型。认知学习理论是由格式塔心理学的顿悟说发展而来，主要是通过研究人的认知过程来探索学习规律的理论。与行为主义学习理论不同，认知学习理论注重个体在学习过程中的主动性，认为学习就是个体认知结构组织和再组织的过程。该理论的主要观点包括人是学习的主体，个体获取信息的过程是感知、注意、记忆以及问题解决的信息交换过程，个体对外界信息是有选择性的感知、注意与理解过程（曹南燕，1991）。

认知学习理论通过理解思维过程来定义个体行为，并将个体的心理过程描述为"信息处理"，将人脑比作计算机。认知学习理论在发展过程中分为两派。一派是以 Bruner（1960）为代表的认知结构论，强调个体原有知识结构的重要性。个体利用自身认知结构中已有的知识通过概括、并列结合以及类属等不同学习形式来同化新的知识。另一派是以 Gagne（1962）为代表的学习条件论，强调对信息的加工，注重个体学习处理知识和规则，分析信息从外界输入后，个体通过加工阶段对信息产生反应的过程。Gagne 认为学习受到个体内外部条件两方面约束。外部条件主要包括信息的内容与形式，内部条件是个体已有的知识、技能，有效学习的关键在于是否能有效选择和利用内部条件。

认知学习理论通过信息输入、加工、处理来解释学习形式（Schunk，1991）。这一理论认为应当对知识进行简化以及标准化处理，以便能够将它更有效地进行传递。认知学习理论关注个体如何接收信息、如何将新信息处理并纳入现有的认知体系中。学习取决于个体已有的认知和获取新认知的方法，从而形成认知图示。同时，认知学习理论认为个体并不是根据自身的认知去理解外界环境来开展行动，而是通过与环境的直接接触决定个体行动的。在这种基于情境的行动中，个体的隐性知识将会在人与情境的交互中发挥作用。

4.2.2 研究模型

本章以认知学习理论为理论基础，充分阐述了创业者先前经验在知识积累过程中对创业决策逻辑的影响。认知学习理论指出，学习是认知结构的组织与再组织过程。创业者的先前知识来源于过往经历中的知识积累，在这一过程中，当个体面临某一事件后会提取并利用先前有关联或者处理相似事件的知识。如果这种知识无法再次处理该事件或者没有与该事件相关联的知识，那么个体会采用一种自认为最稳妥的方式，并对后果进行识别和评估，最终对这种新的知识进行同化。这种知识处理的方式与创业者决策思维过程相类似。当创业者最初积累的是有关计划决策的知识，那么当创业者面临类似问题时，由于惯性知识，会最先使用该知识，当创业者发现无法解决这个问题时，那么他会调动其他的知识进行处理，然后观察其结果，并在后续阶段将这种知识继续进行整合、同化（Politis，2005）。因此，本研究认为，对事物的先前了解会改变创业者的认知模式，从而影响创业者的决策。

此外，环境不确定性是创业情境的显著特征。认知学习理论强调个体知识结构与外部环境的交互会决定个体的行为，这种行为受到个体与环境的共同作用。基于此，为厘清创业者先前经验、创业决策逻辑以及环境不确定性三者之间的关系，本章将创业者先前经验（创业经验、管理经验、行业经验）对创业决策逻辑的影响作为研究的主效应，然后探讨环境不确定性对主效应的调节作用。环境不确定性下先前经验对创业决策逻辑影响的研究模型如图4-1所示。

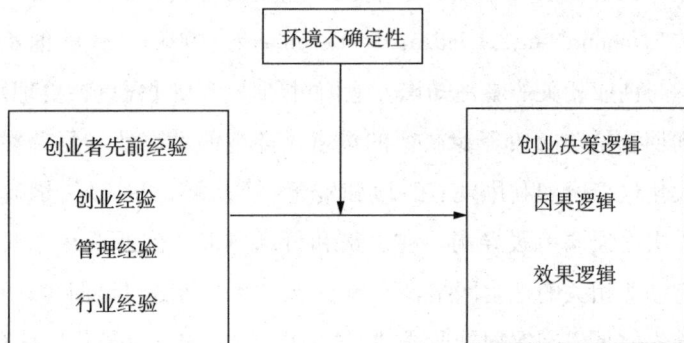

图4-1　环境不确定性下先前经验对创业决策逻辑影响的研究模型

4.2.3　研究假设

1. 创业经验与创业决策逻辑

创业过程兼顾了不确定性和风险性特征，创业者在制定决策时无法完全获取相关信息，难以设定明确目标并保持稳定。拥有丰富创业经验的创业者基于过去创业经历，更能了解到创业的不确定性和不可预测性，会降低对预测目标的依赖程度，更多地考虑如何在没有预定目标的条件下开展创业活动（Amato et al.，2018）。同样，创业者开展市场调研和竞争分析高度依赖于决策信息的可预测性与可获得性，创业情境的高度不确定性导致很难获得充分且有效的信息进行竞争分析。基于有限信息进行的竞争分析在剧烈变化的创业情境中也常常难以发挥作用，创业者无法凭借这种分析方式建立新企业的竞争优势（McKelvie et al.，2011）。此外，创业者在先前的创业经历中了解到新企业环境的动态和复杂性，这使得他们难以确定预期回报最高的方案，甚至不清楚方案的预期回报是多少。因此，具有丰富经验的创业者会更少地实施基于搜寻预期回报最大机会的方法。新企业常常会遇到意外事件，创业者很难及时避免所有的意外事件。因此，创业经验为创业者带来的隐性知识，能帮助他们更好地应对意外事件，而非一味地消极对待（Westhead et al.，2005）。基于此，我们提出如下假设：

H1a：创业经验对创业者在决策过程中运用因果逻辑有负向影响。

新企业存在着合法性不足、新生弱性等先天特性，常常难以获得创业所需要的资源（Johannisson、Landström、Rosenberg，1998）。先前创业经历使得创业者具有与创业相关的隐性知识，他们对创业行为过程具有更理性的认识，更能了解到创业早期阶段资源获得的难度、环境的动态性和复杂性，这促使创业者最大化地组合和利用现有手段和资源（Nelson，2012）。因此，创业者在创业过程中更强调手段导向。在决策和行动方面，创业者在先前创业经历中积累了与创业相关的社会网络，更容易依靠个人网络与早期客户积极互动，获取他们的先前承诺来实现创业成功（Westhead et al.，2005）。此外，Müller（2010）认为拥有丰富创业经验的创业者注重成本分析，不需要准确识别和评估创业过程中的风险，而是在可承受损失的范围内积极应对风险。这种基于可承受损失的决策方式能帮助创业者在遭遇创业困难或失败时，有能力克服困难或再次进行创业。同时，创业经验能够让创业者对"什么是可预测的""什么是可控的""什么是不可控的"有更多的认识，让他们能更好地了解灵活性的作用，以积极态度看待创业过程中的意外事件，并利用资源将其转变为创业机遇（Dew、Read，2009）。基于此，我们提出如下假设：

H1b：创业经验对创业者在决策过程中运用效果逻辑有正向影响。

2. 管理经验与创业决策逻辑

企业在发展过程中会逐渐规范管理原则与计划周期，每一个决策都需要精心地策划与执行，职责、奖励在这一过程中会被清晰定义。对于管理者而言，完成预定目标是优先级最高的任务。创业者在以往工作中担任管理者时所积累的知识，包括有效的授权、组织和协调任务、监督等，能够帮助创业者按照计划流程达成既定目标。Davidsson 和 Honig（2003）认为创业者的管理经验越丰富，他们更加擅长对信息的收集、处理和分析，更依赖于对市场、行业、竞争对手的分析。这种依赖性使得创业者在创业初期遇到问题会遵循之前的解决模式。他们认为这样可以提高创业成功的可能性。此外，新企业通常面临着资源短缺和资金匮乏的情况，具有丰富管理经验的创业者能更好地进行信息收集与分析，搜索预期回报最高的机会，并制订商业计划获得风险投资，以缓解资源和融资压力（Bewayo，2010）。同时，传统管理决策理论强调控制，管理者有绩效考核压力，他们更看重完成既定目标，倾向于回避意外事件。管理经验使得创业者出于思维惯式，在创业过程中会尽量避免这种意外事件的发生（田莉，龙丹，2009）。基于此，我们提出如下假设：

H2a：管理经验对创业者在决策过程中运用因果逻辑有正向影响。

Eisenhardt（1989）指出有管理经验的创业者拥有从外部环境中吸取相关知识的认知框架的能力，当面对创业过程中各式各样具有挑战性的活动时，他们能够更快速有效地对活动范围进行了解并参与其中。有管理经验的创业者通常具备较强的探索能力，在以往的企业工作中，企业的业绩要求迫使他们必须采取更加稳妥的方式以完成目标，因此束缚了这种探索能力。当创业者参与创业活动时，这种探索能力能够得到运用，并有助于创业者更积极主动地创造和挖掘现有资源和手段。同时，创业者无法拥有开展创业活动所需的全部技能、能力或资源，不能独自处理有关创业的所有事物（杨林、顾红芳、李书亮，2018）。具有丰富管理经验的创业者基于先前工作经历具有相关的社会网络。创业者先前管理经验级别越高，社会网络常常更多元，也更容易与利益相关者密切合作，形成战略联盟以降低创业风险（Vaez-Alaei et al.,

2021）。此外，有管理经验的创业者基于在先前企业工作的经历，他们具有绩效考核的压力，决策常常更谨慎，在创业过程中也会延续谨慎的行为模式，选择在可承受损失的范围内，通过不断试错来开发新产品或者新服务以建立企业的核心竞争力（陆彦桦，2015）。同样，创业者的管理经验有助于他们发现意外事件中蕴含的机遇，通过合理组合资源，将其变为促进企业发展的机会（Cyert、March，1963）。基于此，我们提出如下假设：

H2b：管理经验对创业者在决策过程中运用效果逻辑有正向影响。

3. 行业经验与创业决策逻辑

在创业活动中，行业经验的显著作用体现在创业者对行业信息的获取和传播方面。创业者在之前某一行业工作的经历，能使他们对该行业的市场需求、客户画像以及竞争对手等有着更清晰的了解。Chandler（1996）认为具有相同行业的经验有助于创业者更好地理解新企业在行业中的优劣势，使他们能制定出与当前创业活动比较匹配的预期目标。另外，创业者可以通过有针对性地处理与分析信息，更有效地进行竞争分析，帮助企业更好地开展创业活动。同时，在某一行业工作的个体可以获得与各种细分市场和产品的定价、成本结构、价值链或盈利能力相关的知识。这些知识有助于创业者了解各种创业活动的平均收益回报率，识别出预期回报最高的方案，并合理配置资源以实施该方案（Brudel、Preisendorfer、Ziegler，1992；Dimov，2010）。此外，Ronstadt（1988）认为行业经验能帮助创业者更好地评估创业活动中出现的意外事件，当发现意外事件超出创业者的知识结构和认知水平时，或者他们基于过去的行业经验发现意外事件对企业无益或没必要在当前创业活动中利用该意外事件时，创业者会消极对待或主动避免意外事件的发生。基于此，我们提出如下假设：

H3a：行业经验对创业者在决策过程中运用因果逻辑有正向影响。

创业者拥有的行业经验能为他们带来更多可用的资源，如创业者在该行业中建立的社会网络、评估行业创业机会的能力等，都能帮助创业者更好地开展创业活动（Cassar，2010）。具有丰富行业经验的创业者不仅可以制定出适合的预期目标，还可以最大化地挖掘、利用现有的资源与手段，从而实现创业成功（Haveman，1993）。此外，创业初期阶段常常伴随着较高的环境不确定性，使得创业活动难以正常开展。行业经验能帮助创业者在本行业建立复杂的社会网络，创业者通过与社会网络中利益相关者的积极互动，取得他们的预先承诺，能够更有效率地进行创业活动。因此，创业者倾向于在创业活动中与利益相关者形成战略联盟，建立合作关系。创业者的行业经验使他们对各种细分市场以及产品或服务有一定的了解，对创业活动的成本有较为清晰的认识（Shane，2000）。创业活动较为复杂多变，创业机会稍纵即逝，创业者可以基于成本考虑，在可承受损失的范围内不断试验和试错（陆彦桦，2015）。创业活动中的意外事件可能蕴藏对新企业有益的机遇，行业经验有助于创业者识别和评估这些意外事件，并利用资源将其转化为创业机会。基于此，我们提出如下假设：

H3b：行业经验对创业者在决策过程中运用效果逻辑有正向影响。

4. 环境不确定性的调节作用

环境不确定性作为创业情境的突出特征，吸引了众多学者们的关注。现有研究认为环境不确定性是一种感知现象而并非客观存在。身处环境中的个体能够通过环境中的某些要素感知到某种不确定性，从而产生相应的行为，进而影响其决策（McKelvie、Haynie、Gustavsson，2011）。创业者对环境不确定性的感知主要体现在个体在所处环境中获取相关信息的困难程度，当感知到创业相关信息难以获得，他会将这种情况描述为环境不确定性。认知学习理论认为个体知识结构与环境的交互关系会影响个体的行为，这种行为受到个体与环境的共同作用（Hsu，2007）。因此，环境不确定性是嵌入在创业活动中的，但由于认知能力的不同，可能导致个人在面临相同环境时最终的决策有所不同。

笔者根据以上阐述，对环境不确定性调节先前经验与创业决策逻辑之间关系的作用分别进行推导：

在环境不确定性程度较高时，创业者不了解未来状况出现的概率，甚至不清楚未来会发生什么（Brooke，2010）。在这种情境下，具有丰富创业经验的创业者会意识到通过系统地收集与分析信息，试图预测未来是徒劳的。这些创业者会降低对目标导向的依赖性（Shepherd，2003）。此外，较高的环境不确定性意味着环境的不可预知性，创业者运用市场调研和竞争分析方法取得的结果很难起到作用。这种环境的不可预知性使得创业者无法判断方案的预期回报率，难以识别并选取预期回报最高的方案。随着环境不确定性程度的增加，新企业面临的意外事件也会随之增加，创业者很难及时避免随时可能会发生的意外事件（Nelson、Lima，2020）。基于此，我们提出以下假设：

H4a：环境不确定性正向调节创业者创业经验与因果逻辑之间的负向关系。

当感知到较高的环境不确定性时，创业者从先前的创业经历中了解到该环境下目标的模糊性。创业经验丰富的创业者倾向于利用自身现有手段或资源，通过对机会的警觉性来审视环境中的要素（Brooke，2010）。环境不确定性程度的提高会促使创业者与利益相关者的联系更加紧密，最大限度地获得他们的预先承诺，以应对动态的环境（Read、Song、Smit，2009）。同时，Sarasvathy（2001）指出较高的环境不确定性会降低新企业的创业成功率。拥有丰富创业经验的创业者会在可承受损失的范围内投入资源，以便减少创业失败所带来的负面影响（Ucbasaran et al.，2009）。较高的环境不确定性伴随着较多的意外事件，创业者从过往的创业经历中获取的隐性知识有助于他们以积极乐观的态度，识别和评估创业过程中的意外事件，并合理组合资源，将这些意外事件转化为创业机会。基于此，我们提出以下假设：

H4b：环境不确定性正向调节创业者创业经验与效果逻辑之间的正向关系。

管理经验的优势在于能够帮助创业者更快、更有效率地进行信息收集与分析，以完成预先设定的目标（Davidsson、Honig，2003）。在不确定性程度高的环境中，创业者难以获取与决策有关的信息，进而无法提前制定出当前创业活动的预期目标。创业者会倾向于减少提前设定预期目标决策方式的使用。当环境不确定性程度较高时，创业者难以分析新企业所面临的竞争环境，他们会减少对竞争分析决策方式的运用。同时，较高的环境不确定性使得创业者不能评估出方案的预期回报，从而无法筛选到预期回报最高的方案。因此，创业者会减少对选取最高预期回报方案资源的投入。此外，环境不确定性程度高会造成创业活动中意外事件的增加，创业者在这种不确定性情境下无法避免所有的意外事件。基于此，我们提出以下假设：

H4c：环境不确定性负向调节创业者管理经验与因果逻辑之间的正向关系。

当环境不确定性程度较高时，拥有丰富管理经验的创业者利用自身的探索能力，更加积极地挖掘和整合现有手段，并识别出更多可能的行动（Dixon，2000）。专家型创业者强调对自身手段进行更加深入的思考，最大化地利用他们现有的手段和资源。当环境不确定性增加时，市场上的供需平衡关系变化也会随之加快，新企业会面临较高的创业失败风险（Jiang、Tornikoski，2019）。创业者通过战略联盟能够在一定程度上分散创业风险、降低创业活动成本（Vaez-Alaei et al.，2021）。因此，创业者会更倾向于与利益相关者积极互动，建立一定的合作关系，并获取他们的先前承诺。较高的环境不确定性使得创业者无法基于收益分析选取预期回报最高的方案。此时，创业者会关注成本分析，选择在可承受的范围内开展创业活动，以应对环境不确定性。创业初期往往面临着资源短缺的问题，创业者的管理经验有助于他们识别和评估意外事件中的有益之处，并将其转化为企业发展所需的资源。创业者会倾向于积极处理与应对在较高环境不确定性条件下增加的意外事件。基于此，我们提出以下假设：

H4d：环境不确定性正向调节创业者管理经验与效果逻辑之间的正向关系。

行业经验能够帮助创业者获得行业内客户、供应商以及市场等相关信息，有利于创业者对行业趋势的把握。但当环境不确定性程度较高时，创业者从先前相关行业从业经历中了解到的行业内相关信息可能会失去作用。创业者会逐渐模糊对行业趋势的认识，无法确定与当前创业活动相匹配的预期目标。拥有丰富行业经验的创业者会降低对目标导向的依赖性。此外，环境不确定性意味着创业活动的不可预知性。在这种不确定性的环境下，创业者不能分析出创业活动的预期回报率，无法筛选出预期回报最高的方案（Jiang、Tornikoski，2019）。同时，当环境不确定性程度较高时，创业者通过市场调研和竞争分析等方法得出的结果可能并不有效，无法真实、准确地判断出企业周围的竞争环境。创业者会减少运用竞争分析的决策方法。此外，当环境不确定性程度较高时，新企业会面临许多的意外事件，创业者无法完全避免这些意外事件（Engel、Dimitrova、Khapova、Elfring，2014）的发生。创业者可能会改变处理意外事件的方式，减少对意外事件的消极态度。基于此，我们提出以下假设：

H4e：环境不确定性负向调节创业者行业经验与因果逻辑之间的正向关系。

Shane 和 Khurana（2003）指出行业经验可以增加创业者的独特无形资源，有助于创业者提升困难预见的能力，帮助创业者在不确定环境中开展创业活动。当创业者感知到较高的环境不确定性时，这些独特资源能够帮助创业者进行效果逻辑的决策过程，进而快速决策以应对变化的环境。在较高的环境不确定性条件下，创业者很难为创业活动制定明确的目标。创业者更倾向于利用自身既有手段开展创业过程。新企业的资源通常有限，在环境不确定性程度较高时，创业者将资源用于市场竞争等手段可能会造成很大的浪费。创业者会更多地在可承受损失的范围内开展活动，将有限的企业资源最大效率地投入到创业活动中。此外，较高的环境不确定性导致新企业面临较高的创业失败风险（McKelvie、Haynie、Gustavsson，2011）。创业者通过与利益相关者建立战略联盟关系，能够降低新企业创业活动的失败率，并在一定程度上分散创业风险。创业者会倾向于加强与利益相关者的合作，建立战略联盟，并获取他们的预先承诺。拥有行业经验的创业者能识别与评估出创业活动中意外事件隐藏的机遇。当创业者感知到较高的环境不确定性水平时，能够以积极的态度，灵活地应对这些意外事件，并将其转变为企业资源。基于此，我们提出以下假设：

H4f：环境不确定性正向调节创业者行业经验与效果逻辑之间的正向关系。

4.3 变量测量

本章采用的数据来源与第三章相同，在变量测量方面，选取先前经验（创业经验、管理经验、行业经验）为自变量，选取创业决策逻辑（因果逻辑、效果逻辑）为因变量，选取环境不确定性为调节变量，控制变量包括创业者的性别、年龄（连续变量）以及受教育程度。其中，创业决策逻辑、环境不确定性、控制变量的测量与第三章一致。因此，本章只介绍先前经验的测量。

本研究从经验的类型视角解析先前经验，包括创业经验、管理经验以及行业经验。创业经验反映的是创业者在创建新企业之前有过的创业经历，包括创建新企业或参与过创业活动的经历。Stuart 和 Abetti（1990）认为这种创业经历的丰富与否主要取决于创业者曾经创建企业的数量多少。在此观点基础上，笔者主要参考张玉利等人（2008）的研究，选取有过几次创业经历这一指标对创业经验进行衡量，测量条目内容为"在这次创业之前，您有过几次创业经历"。该题项内容为离散变量，受访者根据自身实际情况如实填写创业经历次数。

管理经验反映的是创业者在之前的工作中担任管理者时所积累的知识与经验。早期对管理经验概念进行的研究主要认为管理经验的丰富程度和担任管理者的时间有关，即担任管理者的时间越长，管理经验越丰富（Jiang、Tornikoski，2019）。田莉和龙丹（2009）认为管理经验不应只考虑担任管理者的时间，不同层级的管理者掌握的社会网络、隐性知识具有显著差异，需要从担任管理者的职级来分析管理经验。因此，本章选取管理者的职级对管理经验进行衡量，测量条目内容为"您之前工作中，担任过的最高管理职位是什么"。本研究将"没有担任过管理职位"赋值为"0"，"基层管理者"赋值为"1"，"中层管理者"赋值为"2"，"高层管理者"赋值为"3"。

行业经验指的是创业者所积累的与创业相关的行业知识，包括竞争对手、供应商、客户、行业政策等方面的内容，可以帮助创业者获得行业外部人士无法获取的隐性知识。现有研究对行业经验的衡量主要包括创业者相关行业工作的数量和工作时间。对于创业者相关行业工作的数量，若是创业者在该行业工作的时间较少，则难以获取该行业的隐性知识，进而无法形成创业者的竞争优势来源。基于此，本章选取创业相关行业的工作年限进行衡量，测量条目内容为"若您曾在与当前创业所在行业相关的行业工作过，请填写您在相关行业工作的年数"。该题项内容为离散变量，受访者根据自身实际情况如实填写相关行业工作年限。

4.4　先前经验对创业决策逻辑影响的实证分析与结果

由于采用的是一个数据来源，本章的样本特征与第三章相同。创业决策逻辑、环境不确定性、控制变量的描述性统计分析、信度和效度分析均与第三章一致，不再赘述。虽然第三章和第四章均有变量"创业经验"，但由于研究问题不同，测量方式不同，因此二者不可以混淆。

4.4.1　描述性统计分析

本研究对主要变量进行描述性统计，列出主要变量的最小值、最大值、平均值和标准差。从表4-1中变量的描述性统计结果可以看出，样本中男性创业者的数量要比女性创业者多，样本中创业者的平均年龄约为37岁，样本中创业者的平均受教育程度在专科和本科学历区间。总体来说，创业者仍然以男性为主，创业群体偏年轻化，创业者的平均受教育程度较高。对于创业者的先前经验方面，样本平均有1.03年的创业经验，与创业相关的行业经验平均有2.44年，在之前的工作中担任基层管理者或者中层管理者的人数比较多。

表4-1　变量描述性统计分析结果

序号	主要变量	最小值	最大值	均值	标准差
1	性别	0	1	0.63	0.48
2	年龄	20	64	36.92	8.52
3	受教育程度	0	4	2.44	1.22
4	创业经验	0	8	1.03	1.57

（续表）

序号	主要变量	最小值	最大值	均值	标准差
5	管理经验	0	3	1.60	1.012
6	行业经验	0	21	2.44	4.24
7	因果逻辑	1	7	4.93	1.09
8	效果逻辑	1	7	5.09	1.09
9	环境不确定性	1	7	4.93	1.29

4.4.2 相关分析

研究对主要变量作相关性分析，分析结果见表4-2所列。

从自变量和因变量的相关关系来看，创业经验与因果逻辑（$\beta=0.162$，$P<0.05$）、效果逻辑（$\beta=0.147$，$P<0.05$）之间均达到显著水平，呈正相关关系。管理经验与因果逻辑（$\beta=0.227$，$P<0.01$）、效果逻辑（$\beta=0.227$，$P<0.01$）之间均达到显著水平，呈正相关关系。行业经验与因果逻辑（$\beta=0.081$，$P>0.1$）、效果逻辑（$\beta=0.093$，$P>0.1$）之间均没有达到显著水平。

从控制变量和因变量的相关关系来看，性别与因果逻辑（$\beta=0.040$，$P>0.1$）、效果逻辑（$\beta=0.107$，$P>0.1$）之间均没有达到显著水平。年龄与效果逻辑（$\beta=-0.123$，$P<0.1$）之间达到显著水平，呈负相关关系，但与因果逻辑（$\beta=-0.089$，$P>0.1$）之间没有达到显著水平。受教育程度与因果逻辑（$\beta=0.207$，$P<0.01$）、效果逻辑（$\beta=0.312$，$P<0.01$）之间均达到显著水平，呈正相关关系。

从调节变量和因变量的相关关系来看，环境不确定性与因果逻辑（$\beta=0.729$，$P<0.01$）、效果逻辑（$\beta=0.713$，$P<0.01$）之间均达到显著水平，呈正相关关系。

以上相关性分析的结果初步表明研究变量之间存在一定的相关性，但为了讨论主要变量之间的影响，以验证研究的理论假设，还需要进一步进行多元线性回归分析。

表 4-2　相关性分析结果

序号	变量	1	2	3	4	5	6	7	8	9
1	性别	1								
2	年龄	0.097	1							
3	受教育程度	0.237***	0.000	1						
4	创业经验	0.213***	0.235***	-0.029	1					
5	管理经验	0.391***	0.107	0.379***	0.273***	1				
6	行业经验	0.216***	0.172**	0.164**	0.086	0.240***	1			
7	因果逻辑	0.040	-0.089	0.207***	0.162**	0.227***	0.081	1		
8	效果逻辑	0.107	-0.123*	0.312***	0.147**	0.227***	0.093	0.899***	1	
9	环境不确定性	0.112	-0.054	0.156**	0.180**	0.248***	0.058	0.729***	0.713***	1

注:*表示显著性水平 P 小于 0.05,**表示 P 小于 0.01,***表示 P 小于 0.001。

4.4.3　实证分析与假设检验

　　由相关性分析结果可知先前经验与因果逻辑、效果逻辑之间存在显著的相关关系,环境不确定性也与因果逻辑、效果逻辑之间存在显著的相关关系。为了进一步确定变量之间的相关关系,本研究运用多元线性回归分析法来检验创业经验、管理经验、行业经验分别与因果逻辑、效果逻辑之间的关系,以及环境不确定性对于这些关系的调节作用。在最开始的模型中仅加入控制变量(性别、年龄、受教育程度),其次加入自变量(创业经验、管理经验、行业经验),最后加入调节变量(环境不确定性)以及自变量与调节变量的交互项。为了避免自变量与交互项产生多重共线性问题,在检验交互效应时首先对自变量与调节变量进行中心化处理,再将交互项代入模型中。

1. 创业经验、因果逻辑与环境不确定性的多元线性回归分析

表 4-3 表示创业经验、因果逻辑与环境不确定性的多元线性回归分析结果，总共包括 3 个模型。其中，模型 1 仅包括控制变量性别、年龄、受教育程度对因果逻辑的线性回归结果；模型 2 是控制变量、创业经验对因果逻辑的线性回归结果；模型 3 是控制变量、创业经验、环境不确定性、创业经验与环境不确定性的交互项全部纳入回归分析的线性回归结果。从表 4-3 中可以看出，模型 1—3 中变量 VIF 取值范围为 [1.021，1.240]，均小于 10，表明模型不存在多重共线性问题。此外，模型 1—3 的 F 值均达到显著水平，并且调整的 R^2 值不断提高，说明不断引入新的变量能提升对因果逻辑的解释力，模型整体上拟合优度较好。

从表 4-3 的模型 1 中可以看出，创业者的受教育程度与因果逻辑之间呈显著正向关系（$\beta=0.184$，$P<0.01$），说明创业者受教育程度越高，在创业过程中越可能运用因果逻辑的决策方式。从模型 2 中可以看出，创业经验与因果逻辑之间呈显著正向关系（$\beta=0.144$，$P<0.01$），表明先前创业经历次数越多的创业者更倾向于运用因果逻辑，因此假设 H1a 逆向成立。在模型 3 中，在加入调节变量、自变量与环境不确定性的交互项后，创业经验与环境不确定性的交互项和因果逻辑的回归系数为 -0.014（$P>0.1$），没有达到显著水平，表明环境不确定性对创业者先前创业经历次数与因果逻辑的关系没有显著影响，假设 H4a 被拒绝。

表 4-3　创业经验、因果逻辑与环境不确定性的多元线性回归分析结果

变量	模型 1		模型 2		模型 3	
	系数	标准误差	系数	标准误差	系数	标准误差
性别	-0.014	0.165	-0.113	0.165	-0.185	0.117
年龄	-0.010	0.009	-0.016^*	0.009	-0.007	0.006
受教育程度	0.184^{***}	0.064	0.199^{***}	0.063	0.106^{**}	0.045
创业经验			0.144^{***}	0.049	0.087	0.103
环境不确定性					0.679^{***}	0.049

（续表）

变量	模型 1		模型 2		模型 3	
	系数	标准误差	系数	标准误差	系数	标准误差
创业经验与环境不确定性的交互项					-0.014	0.034
R^2	0.050		0.089		0.551	
调整 R^2	0.035		0.070		0.537	
F 值	3.464 **		4.816 ***		40.072 ***	

注：* 表示显著性水平 $P<0.1$，** 表示显著性水平 $P<0.05$，*** 表示显著性水平 $P<0.01$；模型中所有变量的 VIF 取值为 [1.021, 1.240]。

2. 创业经验、效果逻辑与环境不确定性的多元线性回归分析

表 4-4 列示了创业经验、效果逻辑与环境不确定性的多元线性回归分析结果，总共包括 3 个模型。其中，模型 1 仅包括控制变量性别、年龄、受教育程度对效果逻辑的线性回归结果；模型 2 是控制变量、创业经验对效果逻辑的线性回归结果；模型 3 是控制变量、创业经验、环境不确定性、创业经验与环境不确定性的交互项全部纳入回归分析的线性回归结果。从表 4-4 中可以看出，模型 1—3 中变量 VIF 取值范围为 [1.030, 1.264]，均小于 10，表明模型不存在多重共线性问题。此外，模型 1—3 的 F 值均达到显著水平，并且调整的 R^2 值不断提高，说明不断引入新的变量能提升对效果逻辑的解释力，模型整体上拟合优度较好。

从表 4-4 的模型 1 中可以看出，创业者的年龄、受教育程度与效果逻辑之间的关系达到显著水平。其中，年龄与效果逻辑的回归系数为 -0.015（$P<0.1$），表明创业者的年龄越小，在创业过程中越可能运用效果逻辑的决策方式；受教育程度和效果逻辑的回归系数为 0.266（$P<0.01$），说明创业者的受教育程度越高，在创业过程中越倾向于运用效果逻辑。从模型 2 中可以看出，创业经验与效果逻辑呈显著正向关系（$\beta=0.134$，$P<0.01$），表明先前创业经历次数越多的创业者更倾向于运用效果逻辑，因此假设 H1b 成立。在模型 3 中，在加入调节变量、自变量与环境不确定性的交互项后，创业经验与环境不确定性的交互项与效果逻辑的回归系数为 -0.014（$P>0.1$），没有达

到显著水平，表明环境不确定性对创业者先前创业经历次数与效果逻辑的关系没有显著影响，假设 H4b 被拒绝。

表 4 - 4 创业经验、效果逻辑与环境不确定性的多元线性回归分析结果

变量	模型 1		模型 2		模型 3	
	系数	标准误差	系数	标准误差	系数	标准误差
性别	0.092	0.160	0.000	0.161	−0.078	0.116
年龄	−0.015 *	0.009	−0.020 **	0.009	−0.011 *	0.006
受教育程度	0.266 ***	0.062	0.279 ***	0.062	0.190 ***	0.045
创业经验			0.134 ***	0.048	0.159	0.102
环境不确定性					0.635 ***	0.049
创业经验与环境不确定性的交互项					−0.014	0.034
R^2	0.111		0.145		0.562	
调整 R^2	0.098		0.128		0.549	
F 值	8.291 ***		8.385 ***		41.915 ***	

注：* 表示显著性水平 $P<0.1$，** 表示显著性水平 $P<0.05$，*** 表示显著性水平 $P<0.01$；模型中所有变量的 VIF 取值为 [1.030, 1.264]。

3. 管理经验、因果逻辑与环境不确定性的多元线性回归分析

表 4 - 5 表示管理经验、因果逻辑与环境不确定性的多元线性回归分析结果，总共包括 3 个模型。其中，模型 1 仅包括控制变量性别、年龄、受教育程度对因果逻辑的线性回归结果；模型 2 是控制变量、管理经验对因果逻辑的线性回归结果；模型 3 是控制变量、管理经验、环境不确定性、管理经验与环境不确定性的交互项全部纳入回归分析的线性回归结果。从表 4 - 5 中可以看出，模型 1—3 中变量 VIF 取值范围为 [1.021, 1.387]，均小于 10，表明模型不存在多重共线性问题。此外，模型 1—3 的 F 值均达到显著水平，并且调整的 R^2 值不断提高，说明不断引入新的变量能提升对因果逻辑的解释力，模型整体上拟合优度较好。

从表 4 - 5 的模型 2 中可以看出，管理经验与因果逻辑呈显著正向关系（$\beta=0.226$，$P<0.01$），表明先前工作中管理职级越高的创业者更倾向于在决

策过程中运用因果逻辑，因此假设 H2a 成立。在模型 3 中，在加入调节变量、自变量与环境不确定性的交互项后，管理经验与环境不确定性的交互项和效果逻辑的回归系数为 -0.113（$P<0.05$），达到显著水平，表明环境不确定性负向调节创业者先前工作中管理职级与因果逻辑的关系，假设 H4c 得到支持。

表 4-5　管理经验、因果逻辑与环境不确定性的多元线性回归分析结果

变量	模型 1		模型 2		模型 3	
	系数	标准误差	系数	标准误差	系数	标准误差
性别	−0.014	0.165	−0.157	0.171	−0.183	0.119
年龄	−0.010	0.009	−0.013	0.009	−0.005	0.006
受教育程度	0.184 ***	0.064	0.128 *	0.067	0.057	0.048
管理经验			0.226 ***	0.084	0.354 ***	0.133
环境不确定性					0.654 ***	0.049
管理经验与环境不确定性的交互项					−0.113 **	0.045
R^2	0.050		0.083		0.562	
调整 R^2	0.035		0.065		0.549	
F 值	3.464 **		4.488 ***		41.985 ***	

注：* 表示显著性水平 $P<0.1$，** 表示显著性水平 $P<0.05$，*** 表示显著性水平 $P<0.01$；模型中所有变量的 VIF 取值为 [1.021，1.387]。

4. 管理经验、效果逻辑与环境不确定性的多元线性回归分析

表 4-6 表示管理经验、效果逻辑与环境不确定性的多元线性回归分析结果，总共包括 3 个模型。其中，模型 1 仅包括控制变量性别、年龄、受教育程度对效果逻辑的线性回归结果；模型 2 是控制变量、管理经验对效果逻辑的线性回归结果；模型 3 是控制变量、管理经验、环境不确定性、管理经验与环境不确定性的交互项全部纳入回归分析的线性回归结果。从表 4-6 中可以看出，模型 1—3 中变量 VIF 取值范围为 [1.030，1.315]，均小于 10，表明模型不存在多重共线性问题。此外，模型 1—3 的 F 值均达到显著水平，并且调整的 R^2 值不断提高，说明不断引入新的变量能提升对效果逻辑的解释力，模型整体上拟合优度较好。

从表 4-6 的模型 2 中可以看出，管理经验与效果逻辑呈显著正向关系（β=0.158，P<0.01），表明先前工作中管理职级越高的创业者更倾向于运用效果逻辑进行决策，因此假设 H2b 成立。在模型 3 中，在加入调节变量、自变量与环境不确定性的交互项后，管理经验与环境不确定性的交互项和效果逻辑的回归系数为-0.122（P<0.01），达到显著水平，表明环境不确定性负向调节创业者先前工作中管理职级与效果逻辑的关系，假设 H4d 得到逆向支持。

表 4-6　管理经验、效果逻辑与环境不确定性的多元线性回归分析结果

变量	模型 1		模型 2		模型 3	
	系数	标准误差	系数	标准误差	系数	标准误差
性别	0.092	0.160	-0.007	0.167	-0.033	0.118
年龄	-0.015*	0.009	-0.017*	0.009	-0.010	0.006
受教育程度	0.266***	0.062	0.226***	0.065	0.154***	0.048
管理经验			0.158***	0.082	0.317**	0.132
环境不确定性					0.625***	0.049
管理经验与环境不确定性的交互项					-0.122***	0.044
R^2	0.111		0.127		0.562	
调整 R^2	0.098		0.110		0.549	
F 值	8.291***		7.228**		41.985***	

注：*表示显著性水平 P<0.1，**表示显著性水平 P<0.05，***表示显著性水平 P<0.01；模型中所有变量的 VIF 取值为 [1.030，1.315]。

5. 行业经验、因果逻辑与环境不确定性的多元线性回归分析

表 4-7 表示行业经验、因果逻辑与环境不确定性的多元线性回归分析结果，总共包括 3 个模型。其中，模型 1 仅包括控制变量性别、年龄、受教育程度对因果逻辑的线性回归结果；模型 2 是控制变量、行业经验对因果逻辑的线性回归结果；模型 3 是控制变量、行业经验、环境不确定性、行业经验与环境不确定性的交互项全部纳入回归分析的线性回归结果。从表 4-7 中可以看出，模型 1—3 中变量 VIF 取值范围为 [1.021，1.136]，均小于 10，表明模型不存在多重共线性问题。此外，模型 1—3 的 F 值均达到显著水平，并

且调整的 R^2 值不断提高，说明不断引入新的变量能提升对因果逻辑的解释力，模型整体上拟合优度较好。

由表 4-7 的模型 2 中可以看出，行业经验与因果逻辑之间的关系未达到显著水平（$\beta=0.018$，$P>0.1$），表明创业者先前相关行业工作年限的多少对于是否运用因果逻辑决策不产生影响，因此假设 H3a 被拒绝。在模型 3 中，在加入调节变量、自变量与环境不确定性的交互项后，行业经验与环境不确定性的交互项与因果逻辑的回归系数为 -0.002（$P>0.1$），没有达到显著水平，表明环境不确定性对于创业者先前相关行业工作年限与因果逻辑的关系没有显著影响，假设 H4e 被拒绝。

表 4-7　行业经验、因果逻辑与环境不确定性的多元线性回归分析结果

变量	模型 1		模型 2		模型 3	
	系数	标准误差	系数	标准误差	系数	标准误差
性别	-0.014	0.165	-0.039	0.167	-0.168	0.116
年龄	-0.010	0.009	-0.012	0.009	-0.006	0.006
受教育程度	0.184 ***	0.064	0.177 *	0.065	0.094 **	0.046
行业经验			0.018	0.019	0.018	0.034
环境不确定性					0.694 ***	0.048
行业经验与环境不确定性的交互项					-0.002	0.012
R^2	0.050		0.054		0.549	
调整 R^2	0.035		0.035		0.535	
F 值	3.464 **		2.820 **		39.690 ***	

注：* 表示显著性水平 $P<0.1$，** 表示显著性水平 $P<0.05$，*** 表示显著性水平 $P<0.01$；模型中所有变量的 VIF 取值为 [1.021，1.136]。

6. 行业经验、效果逻辑与环境不确定性的多元线性回归分析

表 4-8 表示行业经验、效果逻辑与环境不确定性的多元线性分析结果，总共包括 3 个模型。其中，模型 1 仅包括控制变量性别、年龄、受教育程度对效果逻辑的线性回归结果；模型 2 是控制变量、行业经验对效果逻辑的线

性回归结果；模型 3 是控制变量、行业经验、环境不确定性、行业经验与环境不确定性的交互项全部纳入回归分析的线性回归结果。从表 4 - 8 中可以看出，模型 1—3 中变量 VIF 取值范围为 [1.030，1.137]，均小于 10，表明模型不存在多重共线性问题。此外，模型 1—3 的 F 值均达到显著水平，并且调整的 R^2 值不断提高，说明不断引入新的变量能提升对效果逻辑的解释力，模型整体上拟合优度较好。

由表 4 - 8 的模型 2 中可以看出，行业经验与效果逻辑之间未达到显著水平（$\beta=0.016$，$P>0.1$），表明创业者先前相关行业工作年限的多少对于是否运用效果逻辑决策不产生影响，因此假设 H3b 被拒绝。在模型 3 中，在加入调节变量、自变量与环境不确定性的交互项后，行业经验与环境不确定性的交互项与效果逻辑的回归系数为 -0.000（$P>0.1$），没有达到显著水平，表明环境不确定性对于创业者先前相关行业工作年限与效果逻辑的关系没有显著影响，假设 H4f 被拒绝。

表 4 - 8　行业经验、效果逻辑与环境不确定性的多元线性回归分析结果

变量	模型 1		模型 2		模型 3	
	系数	标准误差	系数	标准误差	系数	标准误差
性别	0.092	0.160	0.070	0.162	-0.052	0.116
年龄	-0.015*	0.009	-0.016*	0.009	-0.011*	0.006
受教育程度	0.266***	0.062	0.259***	0.063	0.181***	0.045
行业经验			0.016	0.018	0.011	0.034
环境不确定性					0.658***	0.047
行业经验与环境不确定性的交互项					-0.000	0.012
R^2	0.111		0.114		0.557	
调整 R^2	0.098		0.097		0.543	
F 值	8.291***		6.397**		41.054***	

注：* 表示显著性水平 $P<0.1$，** 表示显著性水平 $P<0.05$，*** 表示显著性水平 $P<0.01$；模型中所有变量的 VIF 取值为 [1.030，1.137]。

通过对以上数据进行处理和分析，本章节对提出的 12 条假设进行了实证检验，检验结果汇总见表4-9所列。在探究先前经验对因果逻辑直接作用的3 个假设中，创业经验对因果逻辑的作用得到逆向支持，管理经验对因果逻辑的作用得到支持，行业经验对因果逻辑的作用被数据拒绝。在探究先前经验对效果逻辑直接作用的 3 个假设中，创业经验对效果逻辑的作用得到支持，管理经验对效果逻辑的作用得到支持，行业经验对效果逻辑的作用被数据拒绝。在环境不确定性调节先前经验对因果逻辑、效果逻辑作用的 6 个假设中，有 1 条假设得到数据的支持，1 条假设得到数据的逆向支持，其余 4 条假设被数据拒绝。具体而言，环境不确定性负向调节创业者的管理经验对因果逻辑的作用得到数据支持，环境不确定性正向调节创业者的管理经验对效果逻辑的作用得到数据逆向支持。

表4-9　先前经验对创业决策逻辑影响的假设检验结果

假设	假设内容	验证结果
假设 H1a	创业经验对创业者在决策过程中运用因果逻辑有负向影响	逆向支持
假设 H1b	创业经验对创业者在决策过程中运用效果逻辑有正向影响	支持
假设 H2a	管理经验对创业者在决策过程中运用因果逻辑有正向影响	支持
假设 H2b	管理经验对创业者在决策过程中运用效果逻辑有正向影响	支持
假设 H3a	行业经验对创业者在决策过程中运用因果逻辑有正向影响	拒绝
假设 H3b	行业经验对创业者在决策过程中运用效果逻辑有正向影响	拒绝
假设 H4a	环境不确定性正向调节创业者创业经验与因果逻辑之间的负向关系	拒绝
假设 H4b	环境不确定性正向调节创业者创业经验与效果逻辑之间的正向关系	拒绝
假设 H4c	环境不确定性负向调节创业者管理经验与因果逻辑之间的正向关系	支持
假设 H4d	环境不确定性负向调节创业者管理经验与效果逻辑之间的正向关系	逆向支持
假设 H4e	环境不确定性负向调节创业者行业经验与因果逻辑之间的正向关系	拒绝

（续表）

假设	假设内容	验证结果
假设 H4f	环境不确定性正向调节创业者行业经验与效果逻辑之间的正向关系	拒绝

4.4.4　实证结果分析

　　笔者基于以上实证研究发现：假设 H1a 得到逆向支持，即先前创业经历次数越多的创业者在决策过程中会更倾向于因果逻辑的决策方式。对这一结果的可能解释是，相较于创业新手而言，专家型创业者在创业过程中有更加明确的目标（Cha、Ruan、Frese，2020）。Baron 和 Ensley（2006）指出创业者从过往创业经历中获取的知识，使得他们对于如何评估和衡量创业机会与创业业绩有着更清晰的认识。拥有丰富创业经验的创业者往往会先建立一个目标，再围绕这个目标整合手段和资源，进而开展创业活动（Brinckmann、Grichnik、Kapsa，2010）。同时，Dutta 等人（2015）认为创业经验有助于创业者更好地了解创业过程中的市场、客户群体以及需求等信息，使他们更容易识别和评估创业机会。随着市场、客户需求的信息变得有用，具有相关知识和经验的创业者将能够更好地理解、评估和应用这些信息，以便开展创业活动（Cohen、Levinthal，1990）。创业者往往会根据创业机会的收益情况，投入相应的资源，来进行业务开发过程。此外，Luttikhuis（2014）指出具有丰富创业经验的创业者在创业过程中会更关注他们的竞争对手，并寻求更大的市场份额。创业经验有助于创业者对市场、客户等信息的了解，使得创业者更好地分析出企业的竞争优劣势，并采取相应的策略以提升企业的竞争能力。专家型创业者倾向于在创业活动中进行市场调研和竞争性分析。同时，专家型创业者在创业过程中的目标相对明确，他们的商业计划也更加明确（Baron、Ensley，2006）。创业者的创业经验有助于创业者从各种方法中获取灵感，并制订出一份好的商业计划（Gruber，2007）。Nienhuis（2010）认为如果创业者在开始营销、推广以及客户交谈之前就完成了商业计划，那么企业的创业活动失败的可能性会比较小。拥有丰富经验的创业者更倾向于在创业活动中制订商业计划并执行。在此情况下，为了避免意外事件导致计划的偏离，创业经验能够帮助创业者更好地避免意外事件的发生。因此，创业经验丰富的创业者更倾向于在创业过程中采取各种方法以避免意外事件。

假设 H1b 得到支持，即先前创业经历次数越多的创业者在决策过程中更倾向于运用效果逻辑的决策方式。先前的研究结果表明专家型创业者更有可能运用效果逻辑的决策方式（Sarasvathy，2001）。创业初期的资源短缺、不确定性环境导致创业者难以正常开展创业活动。创业者从先前创业经历中获取的隐性知识，帮助创业者更深入地了解到创业行为过程。因此，拥有丰富创业经验的创业者更倾向于在创业过程中最大限度地利用和挖掘自身现有手段（Haveman，1993）。此外，创业经验使得创业者注重在社会网络中与利益相关者积极互动，取得他们的预先承诺，并在可承受损失的范围内开展创业活动，从而减少不确定性。当面临意外事件时，他们能够转变不利情况，并利用相关资源将其转化为可利用的机会（Engel、Dimitrova、Khapova、Elfring，2014）。

假设 H2a 得到支持，即先前工作中管理职级越高的创业者在决策过程中更倾向于运用因果逻辑的决策方式。这与以往的研究结果相一致（Read、Song、Smit，2009；Frese、Geiger、Dost，2020）。陆彦桦（2015）指出创业者在以往工作中担任管理者的经历使他们习惯于制订与执行计划，并通过市场调研和竞争性分析，以完成既定目标。过往的项目成功经历使得创业者了解这种基于因果逻辑的决策方式的有益之处，他们会对这种决策逻辑加以刻意练习以增加其熟练程度（Schmidt、Heidenreich，2018）。在创业活动中，拥有管理经验的创业者首先会采用最熟悉的决策过程，并尝试对这种决策方式进行优化和调整，以适应新企业环境的不确定性（Cha、Ruan、Frese，2020）。

假设 H2b 得到支持，即先前工作中管理职级越高的创业者在决策过程中更倾向于运用效果逻辑的决策方式。Eisenhardt（1989）认为拥有丰富管理经验的创业者往往具有较强的探索能力。由于创业者在先前工作中有业绩压力，因此会抑制这种探索能力。在新企业这种业绩要求的约束被解除后，创业者能利用自身掌握的探索能力积极应用到创业活动中。创业者会主动挖掘、组合现有的手段与资源，以应对新企业资源短缺的问题。同时，Danneels（2007）指出，为了克服新企业存在的先天劣势，创业者需要在创业活动中不断地学习和创新。具有丰富管理经验的创业者会选择在可承受损失的范围内，通过不断地试验开发新产品或新服务以建立起企业的竞争优势。此外，管理经验丰富的创业者基于先前管理经验构建的社会网络，更容易联系到利益相关者，并获取他们的预先承诺（Vaez-Alaei et al.，2021）。创业者还会利用自身知识来识别和评估创业过程中的意外事件，并将其转变为企业资源。

假设 H3a、H3b 没有得到支持，即先前相关行业工作年限对创业者运用何种创业决策逻辑没有显著影响。对这一结果的解释可能存在两种情况。一方面，行业经验的最显著作用在于为个体提供行业外部人士难以获取的隐性知识，包括对本行业竞争对手与市场需求的了解，同时具有所熟悉的客户和供应商信息（Shane，2000）。中国正处于转型升级时期，创新创业是该时期的主旋律。在这一时期，行业内市场、顾客以及竞争对手更新迭代的速度明显加快，创业者在先前行业内工作时积累的相关知识、技能，可能不足以在当前行业中为决策逻辑的制定提供有效支持。因此，创业者的创业决策逻辑在这一过程中主要受到其他类型先前经验的影响。另一方面，行业经验与创业决策逻辑之间可能并非存在简单的直接作用关系，创业者行业经验对决策逻辑的作用机制还有待被进一步挖掘。

假设 H4a、H4b 没有得到支持，即环境不确定性对调节创业者先前创业经历次数与创业决策逻辑之间的关系没有显著影响。对这一结果的解释是，Sarasvathy（2001）指出因果逻辑和效果逻辑都是个体理性推理的组成部分，它们都能为企业发展提供帮助。新企业存在的先天不足，使得创业者灵活地采取各种方式以开展创业活动。创业者从先前的创业经历中认识到两种决策逻辑之间的优劣势，促使他们在创业过程中倾向于组合使用因果逻辑和效果逻辑，而非仅仅运用一种创业决策逻辑（Frese、Geiger、Dost，2020）。无论创业者处于什么样的情境都会同时运用两种创业决策逻辑。因此，环境不确定性对创业者先前创业经历次数与创业决策逻辑的关系不存在调节作用。

假设 H4c 得到支持，即环境不确定性负向调节创业者先前工作中管理职级与因果逻辑之间的正向关系。管理经验使得创业者更擅长进行市场调研与竞争分析，并基于预期回报最大化原则，合理配置资源以完成既定目标（Schmidt、Heidenreich，2018）。在较高的环境不确定性情形下，创业者对未来发生事件的主观预测具有高度不确定性，创业者无法获取决策有效信息，创业活动的目标较为模糊（Mckelvie、Haynie、Gustavsson，2011）。当环境不确定性程度较高时，创业者很难对企业所处的竞争状态进行分析，无法计算出方案的预期回报。当环境不确定性程度增加时，新企业面临的意外事件随之增加，创业者也无法及时规避所有的意外事件（Jiang、Tornikoski，2019）。因此，他们会减少对因果逻辑决策方式的运用。

假设 H4d 得到逆向支持，即环境不确定性负向调节创业者先前工作中管理职级与效果逻辑之间的正向关系。对这一结果的解释是，在较高的不确定性水平下，创业者需要利用手段去探索和开发创业机会。由于创业机会的复杂性，创业者在这一过程中需要改进或者颠覆现有手段，并不断探索新的手段，以便对其加以利用（Long、Xia、Hu，2017）。创业者可能会减少对现有手段的运用。在不确定性水平较高时，创业者利用自身经验去识别环境中的要素，评估出有较大收益和可操作性的机会。尽管由于个体认知水平的局限，这种机会事实上并非有较大收益，但当识别和评估出这种机会的时候，创业者往往可能会投入更多的资源，而不仅仅在可承受的范围内进行尝试。在较高的环境不确定性条件下，创业者可能也会减少对可承受损失原则的运用。此外，较高的环境不确定性加深了创业者与利益相关者之间的信息不对称性，使得创业者难以获得利益相关者的信任。在环境不确定性程度较高时，创业者并不倾向于建立战略联盟。同时，管理能力虽然能帮助创业者识别和评估创业过程中的意外事件，但在较高的环境不确定性程度下，这种对意外事件的转化能力可能超出了创业者的个人能力（An et al.，2020）。管理者在这种情况下更有可能减少对意外事件的利用，以便减少将意外事件转化为企业机会过程中的资源消耗。

假设 H4e、H4f 没有得到支持，即环境不确定性对调节创业者先前相关行业工作年限与创业决策逻辑之间的关系没有显著影响。对这一结果的解释可能存在两种情况。一方面，在中国的转型经济环境下，创业者无法获取相较于行业外部人士有较大价值的隐性知识，创业者形成的独特行业经验认知模式不足以适用于当前的行业中。创业者积累的行业经验对环境的变化不具有敏锐的感知性，进而不影响其决策行为。在这种情况下，无论创业者感知到怎样的环境不确定性程度，也不会对决策行为产生影响。另一方面，创业者的行业经验可能与创业决策逻辑之间并非存在简单的直接作用。因此，环境不确定性对该作用机制无法产生显著影响，未来需要进一步探讨这种作用机制以及环境不确定性的调节作用。

4.5　先前经验对创业决策逻辑影响的研究结论

　　本章旨在探索具有不同类型先前经验的创业者在环境不确定性条件下对其创业决策逻辑选择的影响机制，主要结论如下：

　　第一，先前创业经历次数越多的创业者在决策过程中更倾向于同时或交替运用因果逻辑与效果逻辑。一方面，拥有丰富创业经验的创业者在创业过程中有更加明确的目标（Cha、Ruan、Frese，2020）。他们往往会先建立一个目标，再围绕这个目标整合资源和手段，开展创业活动（Baron、Ensley，2006）。专家型创业者在创业过程中会更关注竞争对手的信息，创业经验有助于创业者在创业过程中更好地进行市场调研和竞争性分析（Luttikhuis，2014）。创业经验丰富的创业者会更容易地识别和评估创业机会，使得创业者能够根据创业机会的收益评估结果，进行资源投入（Cohen、Levinthal，1990）。为了避免意外事件导致计划的偏离，创业者也会倾向于利用各种方式来规避意外事件的发生。另一方面，创业初期的资源短缺、环境不确定性使得创业者必须深入挖掘和利用现有手段，加强与社会网络中利益相关者的紧密合作，并在可承受损失的范围内不断尝试，以推动创业活动的不断开展（Haveman，1993）。创业者的创业经验帮助他们识别和评估创业活动中的意外事件，并将其转变为创业机遇。

　　第二，先前工作中管理职级越高的创业者在决策过程中更倾向于同时或交替运用因果逻辑与效果逻辑。一方面，有管理经验的创业者更加擅长采用市场调研和竞争分析的方法，选取预期回报最高的方案，并通过搜集和整合资源以达成既定目标（Davidsson、Honig，2003）。拥有管理经验的创业者在创业过程中会选择依靠这种路径依赖，即使在收到不满意反馈的情况下。另一方面，具有管理经验的创业者有较强的探索能力，能识别出更多可能的手段，帮助创业者在风险较高的环境中更好地行动。此外，拥有丰富管理经历的创业者在创业过程中会通过在可承受损失的范围内不断试验以形成企业竞争优势。同时，创业者会积极主动地与利益相关者进行互动，并利用创业过程中的意外事件。

第三，先前相关行业工作年限对创业者运用何种创业决策逻辑没有显著影响。中国经济的转型升级使得行业内顾客、供应商以及竞争对手等信息更新速度显著加快，创业者在先前行业工作的经历不能为他们提供相较于行业外部人士更有价值的隐性知识，因而这种隐性知识可能不足以为创业者在当前行业中选择决策逻辑提供帮助。此外，行业经验与创业决策逻辑之间可能并非存在简单的直接作用关系。因此，未来研究应对行业经验与创业决策逻辑之间的作用机制做进一步探讨。

第四，环境不确定情况下，创业者具有不同类型的先前经验对其创业决策逻辑的选择有不同的影响。环境不确定性对这些路径的调节作用部分得到支持。环境不确定性负向调节创业者先前工作中管理职级与创业决策逻辑之间的正向关系。一方面，当环境不确定性程度较高时，创业活动的目标较为模糊，未来发生的概率分布未知（Mckelvie、Haynie、Gustavsson，2011）。创业者不能通过市场调研与竞争分析获取决策的相关信息，无法搜索并计算出方案的预期回报。在这种情境下，创业者也无法及时规避所有创业活动中的意外事件（Jiang、Tornikoski，2019）。当环境不确定性增加时，创业者在先前工作中管理职级越高，他就越倾向于减少对因果逻辑的运用。另一方面，当环境不确定性程度增加时，创业者会投入更多的资源，并改进现有手段以及探索新的手段对创业机会进行利用。由于新企业的新进入缺陷、合法性不足等问题，创业者并不倾向于建立战略联盟。当转化意外事件超出创业者个人能力时，创业者也会减少对意外事件的利用。因此，当环境不确定性增加时，创业者在先前工作中管理职级越高，他就越倾向于减少对效果逻辑的运用。

第 5 章　资源捆绑在创业决策逻辑与新企业绩效之间的中介作用

5.1　引言

"创业者如何做出决策以提高企业绩效"是理论界和实践界重点关注的问题。创业者在进行创业时面临各种重要决策，任何一项决策的失误都可能使新企业破产。特别是在企业的初创阶段，面临资源有限以及各种不确定性的压力，创业者能否做出正确的决策决定企业能否长期生存下去，而创业者如何做出决策取决于创业者采取何种决策逻辑。

创业决策逻辑的研究早期主要是进行理论分析，讨论效果逻辑和因果逻辑的区别、探索效果逻辑和因果逻辑的测度（Sarasvathy，2001；Read、Sarasvathy，2005；Wiltbank et al.，2006）。在 2008 年后，开始有学者尝试运用实证研究、案例研究等方法解析创业决策逻辑对新企业绩效的影响，但得出的研究结论常常不一致（Laskovaia et al.，2017；Eyana et al.，2017；Welter et al.，2016；Yu et al.，2018）。其原因在于：大多数现有研究停留在比较不同创业决策逻辑对创业绩效的直接作用，忽视了创业决策逻辑对创业绩效的内在作用机理，创业决策逻辑与创业绩效之间的"黑箱"亟待于揭开（Guo et al.，2016；Szambelan、Jiang，2018）。

对于任何企业而言，资源是影响组织成长的关键性因素，是建立竞争优势的前提条件。企业通过发展其资源竞争优势来获得价值增长，但是静态的资源无法保证企业能力的形成，因此为了企业增值，企业必须对资源加以整合、部署、利用（Ireland，2003）。Sirmon 等人（2008）针对专业的棒球队展开调研，分析有关竞争对手的资源存量、管理者的资源捆绑、资源部署行为对建立竞争优势的影响。实证研究结果表明资源存量的比较优势和管理者的资源管理行为都会影响绩效，但是其有效性最主要还是取决于管理者的资源捆绑和对特定资源的部署。因此，资源管理行为对于获得和维持竞争优势至关重要，它也是企业达到价值增长目的的主要动力。Guo 等人（2016）从组织行为的视角出发，深入研究资源整合在创业决策逻辑与新企业绩效之间的中介效应。

基于此，本研究基于资源捆绑视角，构建"创业决策逻辑—资源捆绑—新企业绩效"的逻辑链条，将因果逻辑、效果逻辑细化到维度，探索稳定性资源捆绑、开拓性资源捆绑在创业决策逻辑与新企业绩效之间的中介作用。

5.2 资源捆绑在创业决策逻辑与
新企业绩效之间中介作用的假设和模型

5.2.1 理论基础

对于任何企业而言，资源是影响组织成长的关键性因素，是建立竞争优势的前提条件。企业通过发展其资源竞争优势来获得价值增长，但是静态的资源无法保证企业能力的形成。因此，为了实现企业增值，企业必须对资源加以整合、部署、利用（Ireland et al.，2003）。资源管理行为对于获得和维持竞争优势至关重要，也是企业达到价值增长目的的主要动力（Sirmon et al.，2008）。基于此，本研究从资源管理理论视角，探索资源捆绑在创业决策逻辑与新企业绩效间的中介效应。

资源管理理论是对资源基础观的完善、丰富与发展。资源基础观主张异质性资源是竞争优势的来源，是价值增加的基础（Barney，1991）。但是资源基础观过于夸大了资源在新企业中起到的作用，同时也严重忽视了企业外部环境、各种可能发生的突发情况（比如不可抗力等因素）以及管理者、决策者在企业价值创造过程中所扮演的角色（Alvarez、Busenitz，2001）。

资源管理理论弥补了资源基础观的不足，指出静态的资源并不能保证企业竞争优势的可持续性以及企业能力的发展，需要结合环境、管理者、企业资源这 3 大因素，并认为企业价值创造是动态循环的一个过程。管理者通过获取、积累、剥离的手段来构建企业的资源，在此基础上对企业资源采取稳定的、丰富的、细化的、开拓的方式进行捆绑，从而形成企业的竞争优势，为企业赋能。最后，管理者通过合理部署、积极动员，利用组合后的各项资源，积极应对来自外部市场的反馈以便及时识别产品或者服务需求发生的变化，根据变化改进产品以及服务来满足客户的要求，在保证市场占有率的同时增加市场份额，不断为企业增加市场价值，实现企业的长久发展（Sirmon、Hitt，2003；Sirmon、Hitt、Ireland，2007）。

资源约束是新企业面临的普遍难题，如何解决新企业资源不足是创业者需要关注的首要问题，也是决定创业者能否取得创业成功的关键。郭润萍、陈海涛等人（2017）认为资源管理的核心目的是高效利用资源，最终目的是增强企业能力、提高企业价值。创业决策逻辑也是为了帮助创业者更好地进行创业决策提供理论指导，帮助新企业快速成长。由此可以看出，创业决策逻辑与资源管理具有共同的目标，都是为了提高新企业的存活率。因此，有部分学者在创业研究中结合资源管理理论展开深入探讨。比如 Guo 等人（2016）在对我国互联网行业进行研究时发现，资源捆绑在创业决策逻辑与新企业绩效的关系中具有显著的中介效应。

5.2.2　变量的内涵及维度

本研究主要涉及因果逻辑、效果逻辑、资源捆绑 3 个变量，其中因果逻辑、效果逻辑的内涵及维度在第三章已经阐述，因此本章节仅介绍资源捆绑的内涵与维度。

资源约束问题是新企业在创建过程中面临的最大难题，决定着新企业能否长久生存下去。在初创时期，怎样将有限的资源以合理高效的方式加以整合，发挥资源的最佳潜力是取得胜利的关键（尹苗苗、王玲，2015）。有关资源捆绑内涵的理解存在 3 种观点。第一种观点以 Ciabuschi 等人为代表，认为资源捆绑是对企业外部资源进行捆绑（Ciabuschi、Perna、Snehota，2012）。第二种观点以 Sirmon、朱秀梅、蔡莉等人为代表，认为资源捆绑是对企业内部资源进行捆绑（Sirmon et al.，2007；朱秀梅、蔡莉、陈巍，2008；蔡莉、尹苗苗，2009）。第三种观点以 Wiklund、董保宝、王晓文等人为代表，认为资源捆绑是对企业外部资源和企业内部资源进行捆绑（Wiklund et al.，2009；董保宝、葛宝山、王侃，2011；王晓文、张玉利、李凯，2009）。

现有文献主要从两个视角出发来量化资源捆绑。一种是从资源捆绑过程的角度出发。比如，董保宝、葛宝山等人（2011）根据资源捆绑活动发生的先后顺序，将资源捆绑划分为资源获取、资源配用；Wiklund、Shepherd 等人（2009）将资源捆绑划分为资源积聚、资源吸引、资源组合、资源转化 4 个维度。蔡莉、柳青（2007）将资源捆绑划分为资源识别、资源获取、资源利用 3 个维度。另一种是从资源寻求的视角出发。比如，Sirmon、Hitt 等人（2007）将资源捆绑划分为稳定性资源捆绑、丰富细化性资源捆绑、开拓性资源捆绑 3 个维度；Guo 等人（2016）在 Sirmon、Hitt 等人（2007）研究成果的基础上对其进行了整合，认为稳定性资源捆绑与丰富细化性资源捆绑从本质上来说没有明显区别，可以将二者进行合并，从而提出将资源捆绑划分为稳定性资源捆绑、开拓性资源捆绑两个维度。本研究参考 Guo 等人的研究，将资源捆绑划分为稳定性资源捆绑、开拓性资源捆绑两个维度。

5.2.3 研究假设

1. 创业决策逻辑与新企业绩效

（1）因果逻辑与新企业绩效

处于创建初期的新企业通常组织结构比较简单，拥有的资源比较有限，因此有利于创业者进行管理，便于制定创业目标。在目标导向的驱动下，创业者将有限的资源用在关键的地方，避免资源的浪费，提高资源的效用。Brettel、Mauer 等人（2012）在研究新产品研发项目时，认为在创新程度较低的研发项目中，目标驱动有利于研发绩效的提高。创业者通过一个个小目标的实现不断为企业积累财富，为新企业的长久发展奠定资源基础。综上所述，我们提出以下假设：

H1a：目标导向对新企业绩效具有积极影响。

基于预期回报最大化原则，创业者重点关注如何最大限度地提高投入资源的潜在回报，使得新企业能够选择最佳资源以收获战略增长机会（Fisher，2012；Honig、Samuelsson，2012）。创业者在对各种项目投资进行充分考虑与预测的基础上，有利于理性决策，通过合理的方式计算出投资有效集曲线，从而避免承担与回报不对等的高风险项目，同时也有利于高效配置资源，发挥部门间的协同作用（Gabrielsson、Politis，2011）。Mckelvie，Haynie 和 Gustavsson（2011）认为通过具体明确的计划，基于预期回报原则更有利于新企业长期增长。综上所述，我们提出以下假设：

H1b：预期回报对新企业绩效具有积极影响。

详细的分析有利于新企业创业者对市场环境、行业现状以及行业内竞争企业有深入的了解，从而可以掌握主动权，制定有效的竞争策略（Brettel et al.，2012；Sarasvathy，2001）。为客户提供价值是企业的目标。当新企业为客户提供的产品效用超过其他企业时，就会产生竞争优势。反过来，企业的竞争优势也有助于资本、企业实力的增加。因此，当企业提供解决方案的能力超越其他企业时，就会为企业带来增值（Kuechle et al.，2016）。此外，在竞争分析的指导下，新企业可以有针对性地积累、利用企业资源来支持新企业的成长，可以利用已有的资源、知识和经验抓住新企业的成长机会（Wright、Stigliani，2013）。综上所述，我们提出以下假设：

H1c：竞争分析对新企业绩效具有积极影响。

因果逻辑创业者对于创业活动中出现的意外事件通常采取规避的态度，其目的是克服意外事件产生的不利影响，以维持最初的创业目标（崔连广、张玉利、何一清，2017）。克服意外事件的好处在于可以确保创业者始终专注于最初的目标，严格控制企业资源的分配与利用，按照最初的企业预算与活动进度安排各项工作。在新产品研发项目中，Brettel、Mauer 等人（2012）证实了避免意外事件有利于提高研发项目的产出和项目研发的效果。综上所述，我们提出以下假设：

H1d：避免意外事件对新企业绩效具有积极影响。

（2）效果逻辑与新企业绩效

新企业拥有的资源、信息相当有限，组织形式也较为简单，因此创业者可以对既有手段进行较为全面的审视，更好地对新企业进行控制。同时，创业者以最低的成本利用身边的资源，一小步一小步地展开投资，有利于在早期积累资源。Dew、Read 等人（2009）采用口语协议的分析方法对专家创业者与新手创业者进行对比研究，证实专家创业者专注于既定的手段与拥有的资源，并对这些现有的手段、资源加以利用从而得到最有利的结果。此外，Read、Song 和 Smit（2009）通过对 1996 年至 2007 年发表在 *Journal of Business Venturing* 期刊上的文献进行元分析，发现手段导向正向影响新企业的增长。综上所述，我们提出以下假设：

H2a：手段导向对新企业绩效具有积极影响。

在可承受损失原则的指导下，创业者以能够承担的最大损失进行创业决策，相比较于对回报的预测，不需要搜集相关信息，因此不必花费大量的人力、财力在回报的计算上，从而将投入的资源集中于新企业的发展，有利于提高资源的利用效率与效果。此外，可承受损失原则为创业者进行创业活动设置了一个止损点，控制了创业风险。Brettel、Mauer 等人（2012）在研究新产品开发时发现，在创新程度较高的研发项目中，可承受损失有利于提高研发项目的产出和效果。Eyana、Masurel 等人（2017）认为可承受损失对实现企业盈利具有促进作用。综上所述，我们提出以下假设：

H2b：可承受损失对新企业绩效具有积极影响。

在寻求新的商业机会的过程中，专家创业者更倾向于集中精力与客户、供应商建立战略合作伙伴关系网络，从而确保获得企业外部人员的早期承诺（Sarasvathy，2001）。Andries、Debackere 等人（2013）采用纵向多案例研究的方法，发现预先承诺能够正向促进新企业的初始增长。Forster 和 York（2009）研究发现，稳定的战略合作伙伴关系有助于创业成功，减少失败的概率。战略联盟是新企业能否存活下去的关键因素之一（张秀娥、孙中博，2013）。尤其是在早期创业环境中，牢固的合作伙伴关系可以帮助新企业迅速成长。因为合作伙伴可以促进、执行、深化企业价值链中的许多步骤，从而使创始团队能够专注于企业关键能力的开发（刘济涽，2020）。综上所述，我们提出以下假设：

H2c：战略联盟对新企业绩效具有积极影响。

意外事件常常会发生在创业的过程中，如何应对这些意外事件是新企业能否继续生存下去的主要因素之一。相对于新手创业者而言，专家创业者更加注重时刻保持组织柔性，不断适应外界环境的变化，采取积极的态度面对意外事件的发生，将其视为可利用的资源并主动将这些意外事件转化为商业机会（Dew、Read，2009）。Smolka、Verheul 等人（2018）基于 GUESSS 数据库，对来自 25 个国家的 1453 位大学生创业者进行研究，结果表明保持新企业的柔性有利于推动企业绩效的增长。Roach、Ryman 等人（2016）聚焦于美国电子产品制造业中的中小型企业创业者，研究发现利用意外事件能够提高新企业的创造力，实现增长。综上所述，我们提出以下假设：

H2d：利用意外事件对新企业绩效具有积极影响。

2. 资源捆绑与新企业绩效

采用稳定性资源捆绑的主要目的是使新企业在创建过程中的重要资源、核心能力保持不变，同时创业者会根据企业内部环境和外部环境的变化，对其进行丰富细化和改进。稳定性资源捆绑有利于创业者对现有的企业资源进行优化，对现有的企业能力进行细微的调整，从增量上进行改进，比如对企业员工进行定期的职业培训，以便使员工在专业知识与专业技能上保持最新的水平（Sirmon et al.，2011）。Carnes 和 Ireland（2013）认为新企业使用稳定性资源捆绑策略可以保持企业对当前资源的熟练运用、提高员工的工作效率，从而更好地实现预定的目标。综上所述，我们提出以下假设：

H3a：稳定性资源捆绑对新企业绩效具有积极影响。

开拓性资源捆绑策略通过使用创新方法整合资源（包括将新资源与现有资源进行创造性结合或者以新颖的方式重新组合现有资源等）来构建企业新能力，以满足客户需求、竞争需求，从而抓住新企业的增长机会（Carnes、

Ireland，2013；Sirmon et al.，2007）。Guo、Cai 等人（2016）认为开拓性资源捆绑策略通过发现新机会、利用新机会为新企业带来新的增长点。此外，环境也会对资源整合过程产生影响。由于创建初期的新企业面临的外部环境具有高度不确定性的特点，企业想要维持可持续竞争优势的可能性会减小，因此创业者需要寻求新的资源或者重新整合现有资源建立一系列临时竞争优势以保持其在当前环境中的有效性（Sirmon et al.，2007）。高效地捆绑资源最终会使新企业随着时间的推移不断增加自身的价值量。综上所述，我们提出以下假设：

H3b：开拓性资源捆绑对新企业绩效具有积极影响。

3. 资源捆绑的中介作用

（1）稳定性资源捆绑在创业决策逻辑与新企业绩效之间的中介作用

稳定性资源捆绑策略仅对企业已有的能力进行细微调整，有利于创业者优化现有的资源（Sirmon et al.，2011）。采用稳定性资源捆绑策略的主要目的是保持新企业在创建过程中的核心能力不变。同时，创业者会根据企业内外部环境的变化，对其进行丰富细化。

Guo、Cai 等人（2016）认为稳定性资源捆绑是创业者应用因果逻辑决策原则促进新企业增长的关键渠道。遵循目标导向原则的创业者通常以企业目标为起点部署企业资源，并随着创业活动的推进，采用稳定性资源捆绑，不断对现有资源进行优化，保持企业的竞争优势，保证企业目标的实现，改善新企业绩效（Harms、Schiele，2012）。

遵循预期回报原则的创业者通常选择预期回报最大的投资方案进行创业活动，事先确定相关资源的投入，因此更倾向于采取稳定性资源捆绑对现有资源进行丰富细化，以保证各项业务活动按照计划展开（Ireland et al.，2003）。Guo 等人（2016）在对互联网行业的新企业进行调研时发现，遵循预期回报最大化的创业者倾向于通过有效利用稳定性资源捆绑策略来促进新企业的增长。

遵循竞争分析原则的创业者倾向于将决策过程的重点放在对竞争对手以及市场的分析上。创业者通过深入了解企业面临的竞争对手的状况，在预测的基础上制订商业计划，并据此投入企业资源进行生产活动，而稳定性资源捆绑策略主要是针对企业现有资源的整合，因此创业者更倾向于使用稳定性资源捆绑策略部署企业资源，以便按照商业计划进行创业活动（Sarasvathy，2001；Brettel et al.，2012）。

遵循避免意外事件原则的创业者通常采取消极的态度回避环境中的意外事件，以便创业活动能够按计划进行，因此更倾向于采取稳定性资源捆绑对现有资源进行升级改造以应对环境中的不利因素。同时，创业者对现有资源进行升级、保持竞争力，其目的是保证企业的成长能够按照预期规划进行，以获取持久的利润（Yi、Tornikoski，2019）。综上所述，我们提出以下假设：

H4：稳定性资源捆绑在因果逻辑与新企业绩效之间具有中介作用。

H4a：稳定性资源捆绑在目标导向与新企业绩效之间具有中介作用。

H4b：稳定性资源捆绑在预期回报与新企业绩效之间具有中介作用。

H4c：稳定性资源捆绑在竞争分析与新企业绩效之间具有中介作用。

H4d：稳定性资源捆绑在避免意外事件与新企业绩效之间具有中介作用。

与因果逻辑不同，遵循效果逻辑的创业者从既有手段出发，通过整合企业拥有的内外部资源来提高资源的价值（Sarasvathy，2001；Dutta et al.，2015；Welter et al.，2016）。新企业的组织形式较为简单，因此创业者可以对既有手段进行较为全面的审视。为了开发更多可利用的手段，创业者需要对企业拥有的资源进行丰富细化并通过不断实验的方法，获取满意的创业结果（Pacho、Mushi，2020）。

遵循可承受损失原则的创业者以自己能够接受的最大损失为准则，将创业的风险控制在其能够或者愿意承担的水平线上。因此，创业者倾向于通过稳定性资源捆绑对企业资源进行细微调整，并通过不断尝试来提高新企业绩效（Read、Sarasvathy，2005；Read et al.，2009）。

遵循战略联盟原则的创业者通常会建立一个战略联盟网络，通过与外部人员建立合作关系，不断将新获得的资源与已有资源进行丰富细化，进而构建具有独特优势的资源组合来提高新企业绩效（Andries et al.，2013；Forster、York，2009）。

遵循利用意外事件的创业者更加注重保持组织柔性以适应不断变化的外界环境，并采取积极的态度面对意外事件，将其视为可利用的资源，通过稳定性资源捆绑将其整合，进而提高企业拥有的资源、能力与环境的配称性（Welter et al.，2016），实现新企业的价值增长（Sirmon et al.，2007）。综上所述，我们提出以下假设：

　　H5：稳定性资源捆绑在效果逻辑与新企业绩效之间具有中介作用。

　　H5a：稳定性资源捆绑在手段导向与新企业绩效之间具有中介作用。

　　H5b：稳定性资源捆绑在可承受损失与新企业绩效之间具有中介作用。

　　H5c：稳定性资源捆绑在战略联盟与新企业绩效之间具有中介作用。

　　H5d：稳定性资源捆绑在利用意外事件与新企业绩效之间具有中介作用。

　　（2）开拓性资源捆绑在创业决策逻辑与新企业绩效之间的中介作用

　　与稳定性资源捆绑不同，开拓性资源捆绑采用创新的方法整合资源（包括将新资源与现有资源进行创造性结合或者以新颖的方式重新组合现有资源等）来构建新的企业能力以满足客户需求与竞争需求，从而抓住新企业的增长机会（Carnes、Ireland，2013；Sirmon et al.，2007）。由于创建初期的新企业面临的外部环境具有高度的不确定性，企业想要维持可持续竞争优势的可能性会减小，因此创业者需要寻求新的资源或者重新整合现有资源建立一系列临时竞争优势以保持其在当前环境中的有效性（Sirmon et al.，2007）。

　　遵循目标导向的创业者在准备创建新企业时具有明确的创业目标，为了实现该目标，创业者需要开拓性资源捆绑来创造性地整合现有资源以制订最佳方案，从而最大限度地实现目标（Cai et al.，2017）。

　　遵循预期回报最大化的创业者为了获得更高的回报率，会通过对现有资源进行创造性地整合来提高其潜在回报，使得新企业能够选择最佳资源以收获战略增长机会（Fisher，2012；Honig、Samuelsson，2012）。

　　遵循竞争分析的创业者通过市场调研收集所有的初始信息，对当前的行业、市场以及竞争企业有一个较为全面的认识。创业者据此投入企业资源进行生产活动，通过创造性地利用企业资源来支持新企业的增长，同时利用已有的资源、知识和经验抓住新企业的增长机会（Dutta et al.，2015；Wright、Stigliani，2013）。

　　遵循避免意外事件的创业者对于创业活动中出现的意外事件通常采取规避的态度，其目的是克服意外事件产生的不利影响，这有利于创业者充分调

配企业人员以及创新整合企业的各种资源，保障新企业良好地运营下去
（Brettel et al.，2012）。综上所述，我们提出以下假设：

H6：开拓性资源捆绑在因果逻辑与新企业绩效之间具有中介作用。

H6a：开拓性资源捆绑在目标导向与新企业绩效之间具有中介作用。

H6b：开拓性资源捆绑在预期回报与新企业绩效之间具有中介作用。

H6c：开拓性资源捆绑在竞争分析与新企业绩效之间具有中介作用。

H6d：开拓性资源捆绑在避免意外事件与新企业绩效之间具有中介作用。

Guo 等人（2016）在对互联网行业的新企业进行调研时发现，遵循效果
逻辑的创业者倾向于通过有效利用开拓性资源捆绑来促进新企业的增长。效
果逻辑创业者强调手段导向，倾向于进行各种创业尝试，通过与外部环境的
互动，常常会使创业者获得新思想、新观念以及新想法，从而产生新的技术、
新的工作方法，不断更新现有手段，最终使得企业获取新的资源。效果逻辑
创业者更倾向于采取开拓性资源捆绑，不断将新获得的资源加以整合利用，
以获得满意的创业结果（Henninger et al.，2020）。

遵循可承受损失原则的创业者强调在可承受损失范围内大胆地投入资源，
随着创业活动的推进，一点一点地追加投资，并创造性地整合资源（Mckelvie
et al.，2013）。因此，他们更倾向于采取开拓性资源捆绑，将新投入的资源
与现有资源进行重新整合，从而提高新企业绩效。

遵循战略联盟原则的创业者强调与外部人员建立合作关系，构建战略联
盟。利益相关者的陆续加入不断为企业注入新的资源，为创业者采取开拓性
资源捆绑提供了资源基础。因此，在这种原则的指导下，创业者更倾向于采
取开拓性资源捆绑来促进新企业的发展（Urban、Heydenrych，2015）。

遵循利用意外事件原则的创业者强调保持企业的灵活性，采取积极主动
的态度面对环境意外事件，重点考虑如何将意外事件转变成企业可利用的资
源。而开拓性资源捆绑的核心是通过引入新资源，将企业现有资源与新资源
采取"打破"的方式重新整合。因此，创业者更倾向于采取开拓性资源捆绑，
将新发现的资源与现有资源进行重组，实现企业增长（Ranabahu、Barrett，
2020）。综上所述，我们提出以下假设：

H7：开拓性资源捆绑在效果逻辑与新企业绩效之间具有中介作用。

H7a：开拓性资源捆绑在手段导向与新企业绩效之间具有中介作用。

H7b：开拓性资源捆绑在可承受损失与新企业绩效之间具有中介作用。

H7c：开拓性资源捆绑在战略联盟与新企业绩效之间具有中介作用。

H7d：开拓性资源捆绑在利用意外事件与新企业绩效之间具有中介作用。

5.2.4 研究模型

基于上述研究假设，笔者构建因果逻辑、效果逻辑、资源捆绑（稳定性资源捆绑和开拓性资源捆绑）以及新企业绩效之间的研究模型，如图 5 - 1 所示。

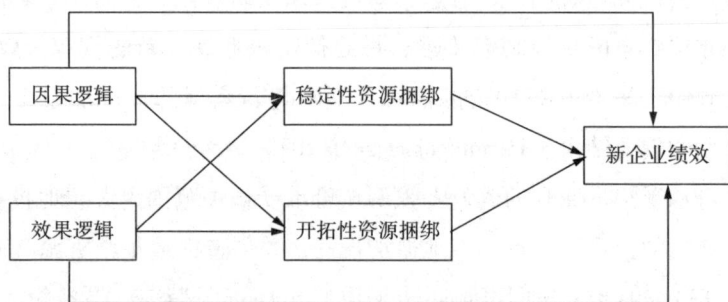

图 5 - 1　资源捆绑在创业决策逻辑和新企业绩效之间中介作用的理论模型

5.3　研究设计

5.3.1 变量测量

本章采用的数据来源与第三章相同，在变量测量方面，选取创业决策逻辑（因果逻辑、效果逻辑）为自变量，选取资源捆绑为中介变量，选取新企业绩效为因变量。其中，创业决策逻辑的测量与第三章一致，故本章不再赘述。

1. 资源捆绑

本研究参考 Guo et al.（2016）、Sirmon et al.（2007）和 Sirmon et al.（2011）的研究成果，采用李克特七级量表，运用 3 个条目测量稳定性资源捆绑，运用 3 个条目测量开拓性资源捆绑，具体测量条目见表 5-1 所列。

表 5-1　资源捆绑测量条目

变量	测量条目
稳定性资源捆绑	我们会对现有资源组合进行微调
	我们会增加现有资源，对现有资源进行丰富细化
	我们会保持现有人员、技术、管理流程等基础性资源结构不发生显著变化
开拓性资源捆绑	我们会将新的资源组合到一起
	我们会用有创意的新方法对资源进行组合
	我们会创造性地将新资源与现有资源进行组合

2. 新企业绩效

本研究参考 Covin、Slevin（1989）的研究成果，在整合现有研究的基础上做了适当的补充，采用李克特七级量表，运用 9 个条目测量新企业绩效，得分越高表示新企业绩效越好，具体测量条目见表 5-2 所列。

表 5-2　新企业绩效测量条目

变量	测量条目
新企业绩效	我们企业的财务状况良好
	我们企业的整体运营情况良好
	我们企业的净利润逐年增加
	我们企业的市场占有率逐年增大
	我们企业的销售收入逐年增长
	我们企业的员工数量逐年增长
	相对于竞争对手，我们企业更能节约成本
	相对于竞争对手，我们企业投资回报率更高
	我们在创业的过程中感觉非常幸福与满足，很有成就感

5.3.2 数据分析方法

首先，本研究通过信度、效度分析检验量表的结构效度与内在一致性；其次，根据理论模型，进行多次验证性因子分析，检验理论模型建构效度的适用性与真实性；最后，在 AMOS 中建立研究模型，代入样本数据进行假设检验。

结构方程模型是本研究的主要方法。结构方程模型将因素分析与路径分析加以整合，具有理论先验性的特点，是检验中介效应的工具。相较于采用多次回归分析方法而言，在结构方程模型中所有的变量都是由单一测量条目来衡量的，测量误差相对较小（吴明隆，2010）。

首先，本研究在 AMOS 中建立因果逻辑、效果逻辑各维度与新企业绩效关系的研究模型；其次，在 AMOS 中建立稳定性资源捆绑、开拓性资源捆绑与新企业绩效关系的研究模型；最后，将资源捆绑作为中介变量放入因果逻辑、效果逻辑与新企业绩效关系的研究模型中。

5.4 资源捆绑在创业决策逻辑与
新企业绩效之间中介作用的实证分析与结果

5.4.1 因子分析和效度分析

由于创业决策逻辑（因果逻辑、效果逻辑）的因子分析和信度分析在第三章已经阐述，本章仅论述资源捆绑、新企业绩效的因子分析和效度分析结果。在资源捆绑探索性因子分析中，稳定性资源捆绑、开拓性资源捆绑的 KMO 值均在 0.6 以上，表明测量条目适合进行因子分析。所有测量条目的因子载荷值均在 0.7 以上，说明量表的结构效度良好。在效度分析中，所有变量的 Cronbach's α 在 0.8 以上，符合 Cronbach's α 大于 0.6 的标准，CR 值均在

0.8 以上，符合 CR 值大于 0.8 的标准，说明量表具有很好的内部一致性（Fornell、Larcker，1981）。资源捆绑因子分析见表 5 - 3 所列。

表 5 - 3　资源捆绑因子分析

变量	测量条目	因子载荷	KMO	Barlett 球形检验			因子方差累积贡献率	Cronbach's α	CR 值
				Chi-Square	df	Sig			
稳定性资源捆绑	条目 1	0.903	0.668	773.946	10	0.000	61.44%	0.826	0.897
	条目 2	0.905							
	条目 3	0.774							
开拓性资源捆绑	条目 1	0.912	0.749	611.229	6	0.000	70.349%	0.909	0.943
	条目 2	0.935							
	条目 3	0.912							

在新企业绩效探索性因子分析中，新企业绩效的 KMO 值为 0.918，表明测量条目适合进行因子分析。所有测量条目的因子载荷值均大于 0.6，说明量表结构效度较好。Cronbach's α 为 0.932，CR 值为 0.944，具有较好的内部一致性。新企业绩效因子分析见表 5 - 4 所列。

表 5 - 4　新企业绩效因子分析

变量	测量条目	因子载荷	KMO	Barlett 球形检验			因子方差累积贡献率	Cronbach's α	CR 值
				Chi-Square	df	Sig			
新企业绩效	条目 1	0.796	0.918	2261.625	36	0.000	65.129%	0.932	0.944
	条目 2	0.842							
	条目 3	0.877							
	条目 4	0.876							
	条目 5	0.873							
	条目 6	0.754							
	条目 7	0.674							
	条目 8	0.778							
	条目 9	0.770							

5.4.2　验证性因子分析

通过 AMOS 23 进行验证性因子分析，见表 5－5 所列。十一因子模型的拟合度最好，χ^2/df 值等于 2.39，小于 3，符合检验标准，RMSEA 值等于 0.064，小于 0.08，符合检验标准，CFI 值等于 0.879 接近 0.9，符合可接受标准，IFI 值等于 0.88 接近 0.9，符合可接受标准，说明研究模型可以达到适配的标准。整体而言，理论模型与实际数据能够适配，假设模型可以接受（吴明隆，2010）。

表 5－5　验证性因子分析

模型	χ^2	df	χ^2/df	CFI	IFI	RMSEA
十一因子	2793.552	1169	2.39	0.879	0.88	0.064
十因子	2900.201	1179	2.46	0.872	0.873	0.066
五因子	3702.747	1214	3.05	0.815	0.816	0.078
四因子	3742.069	1218	3.072	0.813	0.813	0.079

注：四因子是因果逻辑与效果逻辑相加，五因子是因果逻辑四个子维度相加，十因子是稳定性资源捆绑与开拓性资源捆绑相加。

5.4.3　描述性统计分析和相关分析

表 5－6 列示了主要变量的描述性统计和相关系数结果。因果逻辑、效果逻辑以及资源捆绑各维度与新企业绩效之间均存在显著的相关性，但是相关性系数均没有超过 0.9，不存在共线性问题（陈璐露，2016）。目标导向（β=0.447，$P<0.001$）、预期回报（β=0.512，$P<0.001$）、竞争分析（β=0.485，$P<0.001$）、避免意外事件（β=0.439，$P<0.001$）与新企业绩效显著相关，手段导向（β=0.462，$P<0.001$）、可承受损失（β=0.442，$P<0.001$）、战略联盟（β=0.467，$P<0.001$）、利用意外事件（β=0.496，$P<0.001$）与新企业绩效显著相关，稳定性资源捆绑（β=0.532，$P<0.001$）、开拓性资源捆绑（β=0.519，$P<0.001$）与新企业绩效显著相关。

表 5-6　主要变量的描述性统计和相关系数结果

变量	均值	标准差	1	2	3	4	5	6	7	8	9	10	11
1　目标导向	4.99	1.42	1										
2　预期回报	4.96	1.41	.777***	1									
3　竞争分析	4.74	1.42	.691***	.711***	1								
4　避免意外事件	4.49	1.30	.643***	.615***	.680***	1							
5　手段导向	4.95	1.32	.743***	.714***	.586***	.568***	1						
6　可承受损失	4.79	1.42	.714***	.763***	.708***	.650***	.678***	1					
7　战略联盟	4.89	1.38	.766***	.808***	.728***	.660***	.698***	.712***	1				
8　利用意外事件	4.73	1.28	.665***	.715***	.735***	.734***	.639***	.673***	.720***	1			
9　稳定性资源捆绑	5.00	1.40	.682***	.705***	.660***	.651***	.714***	.636***	.728***	.694***	1		
10　开拓性资源捆绑	5.20	1.47	.636***	.672***	.592***	.533***	.661***	.570***	.666***	.673***	.769***	1	
11　新企业绩效	4.83	1.26	.447***	.512***	.485***	.439***	.462***	.442***	.467***	.496***	.532***	.519***	1

注：*表示显著性水平 P 小于 0.05，** 表示 P 小于 0.01，*** 表示 P 小于 0.001。

5.4.4 实证分析与假设检验

通过结构方程模型检验研究假设，使用 AMOS 23 进行数据处理。模型一是对创业决策逻辑各维度与新企业绩效之间关系的检验，检验结果见表 5-7 所列。从直接效应检验结果来看，目标导向对新企业绩效的影响不显著（$\beta =-0.055$，$P>0.1$），拒绝假设 H1a。预期回报对新企业绩效的影响显著（$\beta =0.32$，$P<0.001$），支持假设 H1b。竞争分析对新企业绩效的影响显著（$\beta =0.213$，$P<0.001$），支持假设 H1c。避免意外事件对新企业绩效的影响不显著（$\beta =0.44$，$P>0.1$），假设 H1d 未得到支持。手段导向对新企业绩效的影响显著（$\beta =0.106$，$P<0.1$），支持假设 H2a。可承受损失对新企业绩效的影响不显著（$\beta =-0.3$，$P>0.1$），假设 H2b 未得到支持。战略联盟对新企业绩效的影响不显著（$\beta =-0.31$，$P>0.1$），假设 H2c 未得到支持。利用意外事件对新企业绩效的影响显著（$\beta =0.184$，$P<0.01$），支持假设 H2d。

表 5-7 创业决策逻辑对新企业绩效的影响检验结果

模型一：路径关系	标准化系数	非标准化系数	S. E. 值	C. R. 值	显著性	检验结果
目标导向→新企业绩效	-0.055	-0.42	0.042	-1.014	$P>0.1$	不显著
预期回报→新企业绩效	0.32	0.276	0.051	5.408	$P<0.001$	显著
竞争分析→新企业绩效	0.213	0.184	0.049	3.737	$P<0.001$	显著
避免意外事件→新企业绩效	0.44	0.042	0.054	0.785	$P>0.1$	不显著
手段导向→新企业绩效	0.106	0.082	0.043	1.923	$P<0.1$	显著
可承受损失→新企业绩效	-0.3	-0.024	0.043	-0.546	$P>0.1$	不显著
战略联盟→新企业绩效	-0.31	-0.032	0.058	-0.556	$P>0.1$	不显著
利用意外事件→新企业绩效	0.184	0.18	0.057	3.14	$P<0.01$	显著

拟合指数：$\chi^2 =4536.103$，$\chi^2/df=4.841$，RMSEA$=0.107$，CFI$=0.681$

模型二是对稳定性资源捆绑、开拓性资源捆绑与新企业绩效之间关系的检验，检验结果见表5-8所列。从模型二的结果来看，稳定性资源捆绑对新企业绩效的影响显著（$\beta=0.276$，$P<0.05$），支持假设H3a。开拓性资源捆绑对新企业绩效的影响显著（$\beta=0.316$，$P<0.05$），支持假设H3b。

表5-8 资源捆绑对新企业绩效的影响检验结果

模型二：路径关系	标准化系数	非标准化系数	S. E. 值	C. R. 值	显著性	检验结果
稳定性资源捆绑→新企业绩效	0.276	0.309	0.149	2.069	$P<0.05$	显著
开拓性资源捆绑→新企业绩效	0.316	0.275	0.11	2.492	$P<0.05$	显著
拟合指数：$\chi^2=356.427$，$\chi^2/\mathrm{df}=4.097$，RMSEA$=0.096$，CFI$=0.93$						

图5-2是资源捆绑在因果逻辑与新企业绩效之间中介作用的检验结果，其拟合指标为$\chi^2/\mathrm{df}=2.953$，RMSEA$=0.077$，CFI$=0.889$。模型的主要指标均符合要求，说明模型可以达到适配的标准。图5-3是资源捆绑在效果逻辑与新企业绩效之间中介作用的检验结果，其拟合指标为$\chi^2/\mathrm{df}=3.021$，RMSEA$=0.078$，CFI$=0.889$。模型的主要指标均符合要求，说明模型可以达到适配的标准。从假设检验结果来看，目标导向对稳定性资源捆绑的影响不显著（$\beta=-0.184$，$P>0.1$），未支持H4a。预期回报、竞争分析、避免意外事件对稳定性资源捆绑的影响显著（$\beta=0.880$，$P<0.001$；$\beta=-0.346$，$P<0.05$；$\beta=0.564$，$P<0.001$），稳定性资源捆绑对新企业绩效的影响显著（$\beta=0.337$，$P<0.001$），支持H4b、H4c、H4d。部分支持H4。目标导向、预期回报、竞争分析、避免意外事件对开拓性资源捆绑的影响显著（$\beta=-0.285$，$P<0.05$；$\beta=0.942$，$P<0.001$；$\beta=-0.368$，$P<0.05$；$\beta=0.527$，$P<0.001$），开拓性资源捆绑对新企业绩效的影响显著（$\beta=0.279$，$P<0.05$），支持H6a、H6b、H6c、H6d。支持H6。

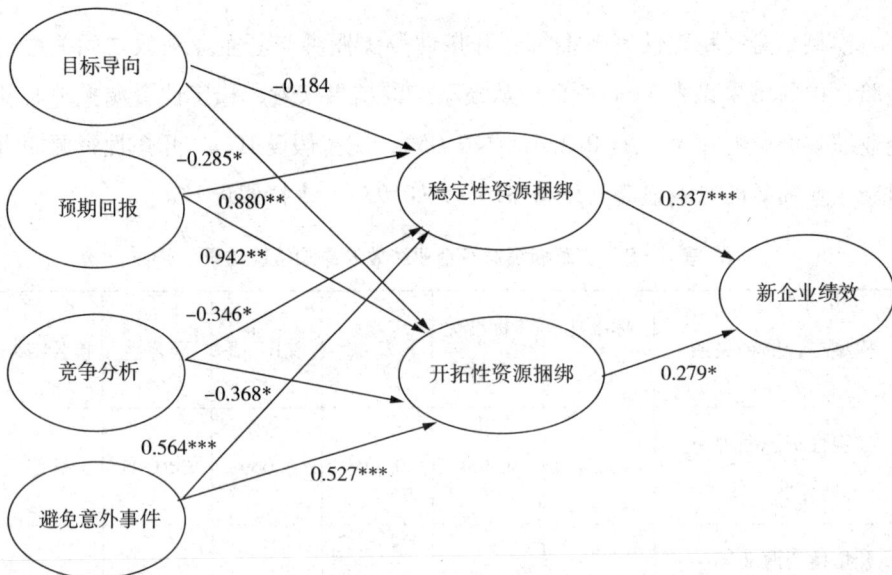

图 5-2　资源捆绑在因果逻辑与新企业绩效之间中介作用的检验结果

注：* P<0.1；** P<0.01；*** P<0.001. $\chi^2/df=2.953$，

RMSEA=0.077，IFI=0.890，TLI=0.878，CFI=0.889

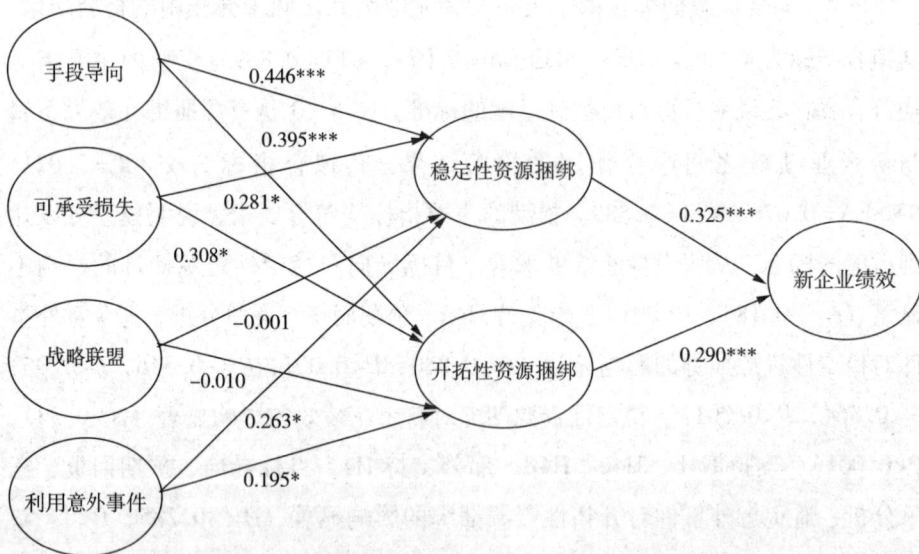

图 5-3　资源捆绑在效果逻辑与新企业绩效之间中介作用的检验结果

注：* P<0.1；** P<0.01；*** P<0.001. $\chi^2/df=3.021$，

RMSEA=0.078，IFI=0.890，TLI=0.878，CFI=0.889

手段导向、可承受损失、利用意外事件对稳定性资源捆绑的影响显著（$\beta = 0.446$，$P<0.001$；$\beta = 0.281$，$P<0.05$；$\beta = 0.263$，$P<0.05$），稳定性资源捆绑对新企业绩效的影响显著（$\beta = 0.325$，$P<0.001$），支持 H5a、H5b、H5d。战略联盟对稳定性资源捆绑的影响不显著（$\beta = -0.001$，$P>0.1$），拒绝 H5c。部分支持 H5。手段导向、可承受损失、利用意外事件对开拓性资源捆绑的影响显著（$\beta = 0.395$，$P<0.001$；$\beta = 0.308$，$P<0.05$；$\beta = 0.195$，$P<0.1$），开拓性资源捆绑对新企业绩效的影响显著（$\beta = 0.290$，$P<0.001$），支持 H7a、H7b、H7d。战略联盟对开拓性资源捆绑的影响不显著（$\beta = -0.010$，$P>0.1$），拒绝 H7c。部分支持 H7。

资源捆绑在创业决策逻辑与新企业绩效之间中介作用的假设检验结果见表5-9所列。

表5-9　资源捆绑在创业决策逻辑与新企业绩效之间中介作用的假设检验结果

假设	内容	结果
H1a	目标导向对新企业绩效具有积极影响	拒绝
H1b	预期回报对新企业绩效具有积极影响	支持
H1c	竞争分析对新企业绩效具有积极影响	支持
H1d	避免意外事件对新企业绩效具有积极影响	拒绝
H2a	手段导向对新企业绩效具有积极影响	支持
H2b	可承受损失对新企业绩效具有积极影响	拒绝
H2c	战略联盟对新企业绩效具有积极影响	拒绝
H2d	利用意外事件对新企业绩效具有积极影响	支持
H3a	稳定性资源捆绑对新企业绩效具有积极影响	支持
H3b	开拓性资源捆绑对新企业绩效具有积极影响	支持
H4	稳定性资源捆绑在因果逻辑与新企业绩效之间具有中介作用	部分支持
H4a	稳定性资源捆绑在目标导向与新企业绩效之间具有中介作用	拒绝
H4b	稳定性资源捆绑在预期回报与新企业绩效之间具有中介作用	支持
H4c	稳定性资源捆绑在竞争分析与新企业绩效之间具有中介作用	支持
H4d	稳定性资源捆绑在避免意外事件与新企业绩效之间具有中介作用	支持
H5	稳定性资源捆绑在效果逻辑与新企业绩效之间具有中介作用	部分支持

（续表）

假设	内容	结果
H5a	稳定性资源捆绑在手段导向与新企业绩效之间具有中介作用	支持
H5b	稳定性资源捆绑在可承受损失与新企业绩效之间具有中介作用	支持
H5c	稳定性资源捆绑在战略联盟与新企业绩效之间具有中介作用	拒绝
H5d	稳定性资源捆绑在利用意外事件与新企业绩效之间具有中介作用	支持
H6	开拓性资源捆绑在因果逻辑与新企业绩效之间具有中介作用	支持
H6a	开拓性资源捆绑在目标导向与新企业绩效之间具有中介作用	支持
H6b	开拓性资源捆绑在预期回报与新企业绩效之间具有中介作用	支持
H6c	开拓性资源捆绑在竞争分析与新企业绩效之间具有中介作用	支持
H6d	开拓性资源捆绑在避免意外事件与新企业绩效之间具有中介作用	支持
H7	开拓性资源捆绑在效果逻辑与新企业绩效之间具有中介作用	部分支持
H7a	开拓性资源捆绑在手段导向与新企业绩效之间具有中介作用	支持
H7b	开拓性资源捆绑在可承受损失与新企业绩效之间具有中介作用	支持
H7c	开拓性资源捆绑在战略联盟与新企业绩效之间具有中介作用	拒绝
H7d	开拓性资源捆绑在利用意外事件与新企业绩效之间具有中介作用	支持

5.4.5 实证结果分析

1. 因果逻辑对新企业绩效的影响

目标导向不会影响新企业绩效，拒绝假设 H1a。处于创建初期的新企业面临的市场环境、产业环境以及企业自身的组织环境都具有极大的不确定性，创业者处于创业探索中（Wiltbank et al.，2006）。在此背景下，创业者通过目标导向来指导创业活动不合适，反而会使得企业资源得不到高效利用，对于实现新企业增长没有帮助。Eijdenberg 等人（2017）在对非洲中小企业进行研究时认为，目标导向对于新企业增长没有影响。

预期回报正向影响新企业绩效，支持假设 H1b。基于预期回报最大化原则，创业者可以更好地做出理性决策，规避与回报不对等的高风险项目，合理部署资源。此外，创业者重点关注如何提高资源的潜在回报，能够帮助新企业选择最佳资源以获得增长机会（Fisher，2012）。

竞争分析正向影响新企业绩效，支持假设 H1c。详尽的竞争分析有利于创业者全面地了解企业所处的市场环境、行业环境以及面对的主要竞争对手，通过市场调研帮助新企业识别细分市场，确定企业的经营范围以及目标客户，从而发挥企业的长处，规避企业的短处，寻求外部发展机会（Brettel et al.，2012）。Wright 和 Stigliani（2013）认为只有当企业提供的产品优于竞争对手时，才能够吸引更多的客户，增加市场价值。

避免意外事件不会影响新企业绩效，拒绝假设 H1d。基于避免意外事件原则，创业者往往会忽视外部环境中发生的变化，对于市场以及产业发展缺乏敏感性，潜意识认为变化对于企业成长是不利因素，从而会失去外部环境中的发展机会。Schmidt、Bendig 和 Brettel（2018）在研究天使投资者的价值增长时认为，避免意外事件不会对价值创造产生重大影响。Brettel 等人（2012）认为只有在创新程度较低的研发项目中，避免意外事件才有利于研发产出，但是在创新程度高的研发项目中，避免意外事件对于研发产出没有影响。由于本研究没有将环境不确定性纳入考虑范畴，所以本研究虽然证实了避免意外事件无益于新企业增长，但是还需要结合环境因素进一步探讨。

2. 效果逻辑对新企业绩效的影响

手段导向正向影响新企业绩效，支持假设 H2a。基于手段导向原则，创业者可以利用自己的资源、独特的技能以及社会网络选择进入自己感兴趣的行业。创业者通过手段导向进行创业摸索，采取"摸着石头过河"的态度，不断积累企业财富，实现企业增长。Heydenrych 和 Urban（2015）在对南非可再生能源行业进行调研时发现，手段导向有利于提高企业绩效。但是，Smolka（2018）在对大学生创业者进行研究时发现，手段导向对企业绩效没有影响。本研究的对象为普通创业者，相比较于大学生创业者而言，拥有的知识、社会经验、特殊技能以及人际关系都更为丰富。大学生创业者可利用的手段是极其有限的，对企业的帮助也是微乎其微。

可承受损失不会影响新企业绩效，拒绝假设 H2b。虽然设定最大的可承受损失可以帮助创业者以较低的风险创业，但是这对于实现长期财务绩效没有显著影响（Mckelvie et al.，2013）。Smolka 等人（2018）认为可承受损失并非导致新企业绩效增长的必要因素。但是 Eyana、Masurel 等人（2017）对埃塞俄比亚旅游行业的 118 位创业者调研时发现，可承受损失对于盈利性具有促进作用。由于本研究是从成长性与盈利性两个角度对新企业绩效加以衡量的，因此研究结论和 Eyana、Masurel 等人（2017）的研究结果不同，但是和 Mckelvie 等人（2013）的研究结论相同。我们从中可以发现，可承受损失对于企业长期增长没有帮助。

战略联盟不会影响新企业绩效，拒绝假设 H2c。Roach、Ryman 和 Makani（2016）在对美国电子制造业的中小企业研究时发现，战略联盟有利于企业绩效的提高。但是在中国创业情境下，这一结论可能不成立。由于中国正处于经济转型时期，我国新企业面临的创业环境具有高度不确定性，企业资源有限，因此创业者难以获得利益相关者的承诺。此外，创业机会、商业模式都处于不断调整的过程中，从而使得先前组建的战略联盟不适用于变化后的企业。

利用意外事件正向影响新企业绩效，支持假设 H2d。在利用意外事件原则的指导下，创业者强调保持企业柔性的重要性，新企业对于外部环境的变化保持高度敏感，能够及时抓住机会，比其他企业先一步进入，抢占先机。在新产品研发过程中，Brettel 等人（2012）发现利用意外事件对创新程度较高的项目具有显著的提升作用。

3. 资源捆绑对新企业绩效的影响

稳定性资源捆绑正向作用于新企业绩效，支持假设 H3a。资源捆绑是企业发展竞争优势、获得企业能力的关键步骤（Sirmon、Gove、Hitt，2008）。创业者通过采取稳定性资源捆绑，对企业拥有的资源加以整合，保持企业资源的先进性，提高技能的熟练程度（蔡莉、尹苗苗，2009）。通过对现有资源进行丰富、完善以适应企业内外部的要求，不仅可以实现企业的高效运转，还可以节约企业成本，创造价值。

开拓性资源捆绑正向作用于新企业绩效，支持假设 H3b。企业资源的重组与重构对新企业发展有重大意义，重新整合后的资源产生的价值远远超过单项资源产生的价值（蔡莉、尹苗苗，2009）。创业者采取开拓性资源捆绑，有利于新企业随着环境变化更新企业能力，保持竞争优势的超前性，增加组织资源的难以模仿性，提高竞争力，实现企业绩效的增长。但是，蔡莉、尹苗苗（2009）在对吉林省、福建省的新企业研究时发现，开拓性资源捆绑与企业绩效没有关系。蔡莉、尹苗苗研究的企业面临的环境具有高动态、高宽松的特性，但是本研究未将环境因素加以考虑，因此未来还需进一步探讨。

4. 资源捆绑在创业决策逻辑与新企业绩效之间的中介作用

（1）稳定性资源捆绑在因果逻辑与新企业绩效之间的中介作用

稳定性资源捆绑在预期回报、竞争分析、避免意外事件与新企业绩效之间存在中介作用，在目标导向与新企业绩效之间不存在中介作用。这一结论不同于 Guo et al. 的结论（2016）。她们认为，稳定性资源捆绑在因果逻辑与新企业绩效之间起到了中介作用。她们的研究没有将效果逻辑细化到维度，且调查样本局限于互联网企业，研究结论的代表性和准确性受到质疑。处于创建初期的新企业面临的市场环境、产业环境以及企业自身的组织环境都具有极大的不确定性，创业者的创业过程处于探索中（Wiltbank et al.，2009）。在此背景下，基于既定目标，创业者通过稳定性资源捆绑来整合资源会使得企业资源得不到高效利用，对于新企业增长没有帮助（Eijdenberg et al.，2017）。假设 H4a 被拒绝。基于预期回报最大化原则的创业者，通常会选择最优的方案进行创业活动，根据最优方案安排所需的各项资源，因此创业者在整合、部署创业资源的过程中更加倾向于使用稳定性资源捆绑策略，对事先投入的资源加以丰富细化（Brettel et al.，2012）。假设 H4b 得到支持。遵循竞争分析的创业者强调关注行业内主要竞争对手正在实施以及将要实施的企业战略，在进行充分市场调研与行业分析的基础上对未来进行合理预测，制订商业计划，确定企业战略。因此，创业者更倾向于选择稳定性资源捆绑，以便按照商业计划进行各项业务活动，分配企业资源，保持各个部门业务活动的持续性与稳定性（Wright、Stigliani，2013）。假设 H4c 得到支持。遵循避免意外事件的创业者对外部环境中发生的变化采取规避态度，更加注重企业的稳定性。因此，创业者更倾向于使用稳定性资源捆绑对企业资源进行细微调整，最大程度地发挥企业内部各个业务部门的协同作用，提高新企业绩效（Schmidt、Heidenreich，2018）。假设 H4d 得到支持。

（2）稳定性资源捆绑在效果逻辑与新企业绩效之间的中介作用

稳定性资源捆绑在手段导向、可承受损失、利用意外事件与新企业绩效之间存在中介作用，在战略联盟与新企业绩效之间不存在中介作用。遵循手段导向的创业者可以对既有手段进行较为全面的审视，对于新企业的控制更强。创业者通过一小步一小步地展开投资，并不断地对资源进行丰富细化，有利于新企业早期积累资源，使得企业长期生存（Grégoire、Cherchem，2020）。假设 H5a 得到支持。遵循可承受损失原则的创业者为创业划定了一个能够接受的损失线，更关注于能在未来创造更多可能的行动，会通过不断尝试积累资源，并不断进行丰富细化，促进新企业成长（Mckelvie et al.，2013）。假设 H5b 得到支持。由于中国正处于经济转型时期，我国新企业面临的创业环境具有高度不确定性，企业资源有限，因此创业者难以获得利益相关者的承诺，无法对资源进行有效整合，难以通过战略联盟促进新企业发展（Roach et al.，2016）。假设 H5c 被拒绝。遵循利用意外事件原则的创业者强调保持企业柔性的重要性，新企业对于外部环境的变化保持高度敏感，能够及时抓住意外事件中的机会为企业获取更多资源，进而将资源进行细化整合，抢占市场先机，提高企业绩效（Brettel et al.，2012）。假设 H5d 得到支持。

（3）开拓性资源捆绑在因果逻辑与新企业绩效之间的中介作用

开拓性资源捆绑在因果逻辑各维度与新企业绩效之间均存在中介作用。遵循目标导向的创业者通过一个一个小目标的实现不断为企业积累资源，并通过新颖的方式整合获取的资源，将有限的资源用在关键的地方，为新企业的长久发展奠定资源基础（Deligianni et al.，2017）。假设 H6a 得到支持。遵循预期回报原则的创业者根据事先选择的最优方案，通过开拓性资源捆绑在对资源组合进行创造性整合的基础上，制订业务活动计划，最大程度地发挥企业资源的使用效率，实现企业增长（Mckelvie et al.，2013）。假设 H6b 得到支持。遵循竞争分析原则的创业者通过 SWOT 分析、业务组合分析等工具帮助企业更好地审视自身，并预测其他企业即将采取的行为。创业者根据预测结果，创造性地整合企业现有资源，形成新企业的应对措施或者反击方案，从而保持企业的竞争优势，提高新企业绩效（Hoopes et al.，2003）。假设 H6c 得到支持。遵循避免意外事件原则的创业者潜意识认为意外事件对于新企业是一件不好的事，但会在制定预算时创造性地整合企业现有的资源，从而有利于创业者充分调配企业人员以及各种企业资源，促进新企业发展（Brettel et al.，2012）。假设 H6d 得到支持。

（4）开拓性资源捆绑在效果逻辑与新企业绩效之间的中介作用

开拓性资源捆绑在战略联盟与新企业绩效之间不存在中介作用，在手段导向、可承受损失、利用意外事件与新企业绩效之间存在中介作用。遵循手段导向的创业者往往对新企业的发展方向没有具体想法，对于企业资源的投入无法进行明确的部署，因此更倾向于使用开拓性资源捆绑，采取创造性的资源整合方式利用企业资源，进而提高新企业绩效（Smolka et al.，2018）。假设 H7a 得到支持。遵循可承受损失的创业者投入的资源是有限的，但创业者会根据其可利用的资源进行多次尝试，并通过创造性地整合企业内外部的资源，创造创业机会，实现企业增长（Martina，2020）。假设 H7b 得到支持。由于创业活动具有高度不确定性，创业机会、商业模式都处于不断调整的过程中，因此创业者通过已有的联盟获取的资源整合后可能不适用于新企业的发展，导致通过开拓性资源捆绑获得的新资源无法发挥其优势（Berends et al.，2014）。假设 H7c 被拒绝。基于利用意外事件原则的创业者认为意外事件通常伴随着机会的出现，高度关注外部环境中意外事件的发生，以便及时将这些意外事件转变成企业新的资源。因此，在利用意外事件原则的指导下，创业者更倾向于实施开拓性资源捆绑，对新加入的资源加以整合，不断增强新企业在市场中的竞争力（Dew、Sarasathy、Read、Wiltbank，2009）。假设 H7d 得到支持。

5.5　资源捆绑在创业决策逻辑与新企业绩效之间中介作用的研究结论

本研究以创业者为对象，利用创业行为研究调查获取研究数据，对创业过程中的内在行为规律展开调研，重点关注我国创业者的创业决策逻辑对新企业绩效的影响，以及揭示资源捆绑在创业决策逻辑和新企业绩效之间的中介作用。我们得到的主要结论如下：

1. 因果逻辑与新企业绩效的关系

因果逻辑 4 个维度中，预期回报和竞争分析会改善新企业绩效，目标导向与避免意外事件不会影响新企业绩效。第一，目标导向与提高新企业绩效没有关系。初创期的新企业不论是企业内部组织还是企业外部环境，都具有很大的不确定性。创业者在制定企业目标时容易误判，从而导致目标制定并不合理。在这样的情况中，目标驱动下的行为并不能实现新企业的增长。第二，预期回报正向作用于新企业绩效。通过遵循预期回报最大化原则，创业者在进行创业活动时，能高效利用新企业资源，合理分配各项任务，使得新企业各部门能够发挥协同作用，提高新企业的整体效率，避免造成浪费与人员冗杂。第三，竞争分析正向作用于新企业绩效。新企业要想存活下来，最主要的是减少来自竞争对手的威胁。通过竞争分析，创业者可以更加全面地解市场环境、产业环境以及新企业面临的主要竞争对手的情况，采用 SWTO 分析法对新企业进行定位，有利于新企业发现空隙市场，帮助新企业制定详细的应急策略以应对竞争对手的回击，提高新企业存活率。第四，避免意外事件与新企业绩效的改善没有关系。遵循避免意外事件原则的创业者对于环境变化持有消极的态度，潜意识认为意外事件对于新企业是一件不好的事，这样反而会使得创业者错过环境中出现的机会。

2. 效果逻辑与新企业绩效的关系

效果逻辑 4 个维度中，手段导向与利用意外事件会改善新企业绩效，可承受损失和战略联盟不会影响新企业绩效。第一，手段导向正向作用于新企业绩效。遵循手段导向的创业者倾向于通过整合身边的现有资源进行各种尝试活动，在此过程中创业者和外部环境进行充分的互动，从而有助于激发创业者的思维，形成新思想、新观念，获得新想法、新的工作方式，不断积累新的手段以及更新原有模糊的企业目标，在一步一步的试错中不断获取满意的结果，进而提高新企业的绩效。第二，可承受损失与新企业绩效的提高没有关系。风险与收益是同方向变化的。在可承受损失的原则下，创业者投入的资源有限，因此想要获得较大的回报很难。此外，采取可承受损失原则的价值主要在于避免损失，并非提高新企业绩效。第三，战略联盟对新企业绩效的提高没有显著的作用。一方面，从组建战略联盟的角度而言，新企业面临较大的环境不确定性，资源禀赋匮乏，创业者难以获得利益相关者的承诺，为了构建战略联盟，必然需要耗费其有限的资源、时间以及精力；另一方面，从运用战略联盟的角度而言，创业活动具有高度不确定性，创业机会、商业模式都处于不断调整的过程中，甚至会出现颠覆的情况，此时已有的战略联盟可能并不适用于新企业不断变化的发展需要。第四，利用意外事件正向作用于新企业绩效。关注外部环境的变化是新企业一项必要的工作。遵循利用意外事件原则的创业者对于新企业面临的意外事件保持积极、乐观的态度，倾向于保持组织的柔性，使得新企业对环境变化保持高度敏感，有利于创业者及时识别、利用外部环境中出现的机会，抢占先机、获得市场。

3. 资源捆绑与新企业绩效的关系

不论是稳定性资源捆绑还是开拓性资源捆绑，它们都有利于提高新企业绩效。竞争优势是实现新企业价值增长的主要因素，但是静态的资源并不能保证竞争力的持久性，因此创业者需要在积累企业资源的基础上，采取一定的资源捆绑来维持新企业的竞争优势。如前文所述，稳定性资源捆绑有利于新企业竞争能力的优化、竞争优势的更新，开拓性资源捆绑有利于新企业获得全新的竞争能力。

4. 资源捆绑的中介效应

第一，稳定性资源捆绑在预期回报、竞争分析、避免意外事件与新企业绩效之间存在中介作用，在目标导向与新企业绩效之间不存在中介作用。遵循预期回报原则、竞争分析原则和避免意外事件的创业者通常采取稳定性资源捆绑来改善企业绩效。创业者根据事先选择的最优方案，整合企业资源，制订业务活动计划，最大程度地发挥企业资源的使用效率，在对资源组合进行丰富升级的基础上保持企业的竞争优势，实现企业增长。

第二，稳定性资源捆绑在手段导向、可承受损失、利用意外事件与新企业绩效之间存在中介作用，在战略联盟与新企业绩效之间不存在中介作用。遵循手段导向、可承受损失、利用意外事件的创业者，在创业过程中，通过对既有手段进行较为全面的审视，为创业划定了一个能够接受的损失线，更关注于能在未来创造更多可能的行动，强调保持企业柔性的重要性，对于外部环境的变化保持高度敏感，能够及时抓住意外事件中的机会，不断尝试积累资源，并不断进行丰富细化，进而改善新企业绩效。

第三，开拓性资源捆绑在因果逻辑各维度与新企业绩效之间均存在中介作用。遵循因果逻辑的创业者会根据事先选择的最优方案，通过一个一个小目标的实现，运用 SWOT 分析、业务组合分析等工具审视自身，预测其他企业即将采取的行为，并尽量回避意外事件。他们通过开拓性资源捆绑对资源组合进行创造性整合，制订业务活动计划，最大程度地发挥企业资源的使用效率，促进新企业发展。

第四，开拓性资源捆绑在战略联盟与新企业绩效之间不存在中介作用，在手段导向、可承受损失、利用意外事件与新企业绩效之间存在中介作用。遵循手段导向原则、可承受损失、利用意外事件原则的创业者通过采取开拓性资源捆绑进而影响新企业绩效。创业者倾向于通过开拓性资源捆绑对现有资源以及获取的新手段、新资源进行各种创造性组合，不同的资源组合经过充分的互动形成企业能力。这些新形成的企业能力是企业竞争优势的来源，是实现企业增长的关键因素。

第6章　**结论与展望**

6.1　研究结论

　　"创业者如何制定创业决策以提高创业绩效"是理论界和实践界共同关注的问题。然而，现有研究常常聚焦于创业经验等显性特征的影响作用，忽视了创业者其他类型先前经验的作用，更忽视了创业者思维过程背后的认知心理，导致难以归纳创业行为规律、不能有效解释创业绩效差异。本书依托认知理论、行为决策理论、资源管理观等，实证检验创业决策逻辑（效果逻辑、因果逻辑）的前置因素及其向创业绩效转化的路径、边界条件。研究重点为以下内容：一是在认知风格和环境不确定性综合作用下，创业者选择创业决策逻辑的差异性；二是从认知学习理论解析创业者不同类型的先前经验对创业决策逻辑选择的影响作用；三是从资源管理观的角度，探索创业决策逻辑对创业绩效作用过程中资源捆绑的中介作用。主要研究结论归纳如下：

　　1. 直觉—分析型认知风格对创业决策逻辑的影响

　　深入创业者心理内部，将描述个人处理信息方式偏好的认知风格分为直觉型认知风格和分析型认知风格，并将其引入到创业决策逻辑影响因素研究中，探讨创业者认知风格和环境不确定性的综合作用对创业决策逻辑（效果逻辑和因果逻辑）的影响作用。依据创业行为调查研究的数据，本研究运用多元线性回归法进行实证检验。研究结果发现：

　　第一，直觉型认知风格的创业者倾向于运用手段导向、可承受损失、战略联盟和利用意外事件的效果逻辑。第二，分析型认知风格的创业者倾向于运用目标导向、预期回报、竞争分析和避免意外事件的因果逻辑。第三，在环境不确定性程度较高的情形下，直觉型认知风格的创业者会减少对可承受损失和利用意外事件的决策逻辑的运用。环境不确定性的高低不会影响直觉型认知风格创业者运用手段导向和战略联盟的偏好。第四，在环境不确定性程度较高的情形下，分析型认知风格的创业者会减少对预期回报决策逻辑的运用。环境不确定性不会影响分析型认知风格创业者对目标导向、竞争分析以及避免意外事件的创业决策逻辑的运用。

2. 认知学习理论视角下先前经验对创业决策逻辑的影响

本研究充分肯定创业者先前经验的复杂性和多样性，从创业者先前经验类型的视角，将其细分为创业经验、管理经验与行业经验，分别探讨其对创业决策逻辑选择的影响作用，并结合创业情境，考察环境不确定性情境下，不同类型先前经验对创业决策逻辑的影响作用。基于创业行为研究调查项目的数据，通过多元线性回归法，实证检验结果发现：

第一，先前创业经历次数越多的创业者越倾向于在决策过程中同时运用因果逻辑和效果逻辑。第二，先前工作中管理职级越高的创业者越倾向于在决策过程中同时运用因果逻辑和效果逻辑。第三，先前相关行业工作年限的多少对创业者创业决策逻辑的选择不存在显著影响。第四，在较高的环境不确定性条件下，先前工作中管理职级越高的创业者越倾向于减少对因果逻辑和效果逻辑决策方式的运用。此外，环境不确定性程度的高低对创业经验、行业经验与创业决策逻辑之间的关系无显著影响。

3. 资源捆绑在创业决策逻辑和新企业绩效之间的中介作用

本研究将创业决策逻辑理论与资源管理理论相结合，从创业者的资源行为视角出发，构建"创业决策逻辑—资源捆绑—新企业绩效"的理论模型，探讨稳定性资源捆绑、开拓性资源捆绑是否在创业决策逻辑与新企业绩效之间发挥中介作用。通过利用结构方程模型分析创业行为研究调查项目获取的数据，实证研究结果发现：

第一，创业者制定创业决策时关注预期回报、竞争分析会显著提高新企业绩效。创业者在决策时以目标为导向、避免意外事件不会影响新企业绩效。

第二，创业者制定创业决策时以手段为导向、利用意外事件会显著地改善新企业绩效。创业者重视可承受损失、构建战略联盟，对新企业绩效没有影响。第三，稳定性资源捆绑、开拓性资源捆绑均会改善新企业绩效。第四，稳定性资源捆绑在预期回报、竞争分析、避免意外事件、手段导向、可承受损失、利用意外事件与新企业绩效之间具有中介作用，在目标导向、战略联盟与新企业绩效之间不存在中介作用。开拓性资源捆绑在战略联盟与新企业绩效之间不具有中介作用，在目标导向、预期回报、竞争分析、避免意外事件、手段导向、可承受损失、利用意外事件与新企业绩效之间存在中介作用。

6.2 理论启示

一是，本研究有助于推动有关因果逻辑与效果逻辑之间关系的探讨，指出二者并非相互独立、相互排斥，也不是互不相容的两个极端。实证结果表明：因果逻辑和效果逻辑在一定程度上均能改善新企业绩效，且拥有创业经验与管理经验的创业者倾向于在决策过程中同时运用这两种创业决策逻辑，而非采用单独一种创业决策逻辑。该结果与既有研究一脉相承，验证了因果逻辑与效果逻辑是多维的、形成性的构念（Harms、Schiele，2012；Berends et al.，2014）。二者之间可以同时并存，且随着不同情境的变化而相互转化（Read et al.，2016；Arend et al.，2016）。

二是，本研究有助于启发从关键要素间的综合关系探索创业决策规律。运用抽象的理论从某个或某几个维度推导假设，忽视要素间的综合关系，致使创业研究常常出现一些相互矛盾的研究结论（Hindle、Senderovitz，2010；Wiltbank et al.，2010）。本研究从环境不确定性出发来刻画创业情境，从直觉—分析的角度阐述认知风格，并从多个视角剖析创业者先前经验类型，聚焦于创业者认知风格和创业情境、先前经验和创业情境的综合作用关系，更逼近创业现实并凸显创业独特性，分析创业者如何制定创业决策更有效，为破解创业行为背后的独特认知、决策机制提供新思路，丰富行为决策领域的研究成果。

三是，本研究构建了"情境—认知—决策"的研究范式来分析创业者的决策规律，有助于启发从创业者的内在思维等深层次要素的角度来分析创业行为过程。现有研究往往从一些外显性特征分析创业决策逻辑，如先前经验、环境不确定性与社会资本，但得出的研究结论常常不一致甚至相互矛盾（McKelvie et al.，2020）。Venkataraman 等人（2012）指出，创业决策逻辑是创业情境特殊性诱发的独特思维和认知过程。本研究关注创业者的思维和认知过程，深入创业者心理内部，分析认知风格、环境不确定性综合作用下创业决策逻辑选择的规律，推动创业决策逻辑的研究进一步深化（Welter et al.，2016）。

四是，本研究构建了"创业决策逻辑—资源捆绑—新企业绩效"的研究范式，有助于启发从创业行为层面挖掘创业决策逻辑影响创业行为实施进而影响创业绩效的过程机制，进而有助于识别创业绩效背后的客观原因并形成科学的理论解释。学者们普遍认可创业决策逻辑对新企业生成与成长的重要性（Guo et al.，2016；Reymen et al.，2015）。然而，现有研究常常关注创业决策逻辑与创业绩效之间的直接作用关系，忽视了创业决策逻辑与创业绩效之间的内在作用机制，二者之间的"黑箱"亟待于揭开。创业决策过程与创业行为的实施紧密相连（Roach et al.，2016）。本研究从资源捆绑的角度，分析开拓性资源捆绑和稳定性资源捆绑在创业决策逻辑与创业绩效之间的中介作用，有助于揭开创业决策逻辑与创业绩效的"黑箱"。

6.3 实践启示

第一，本研究有助于创业者基于创业环境特征，根据自身的认知风格，理性选择合适的创业决策逻辑，提高创业决策的有效性。分析型认知风格的创业者更多地运用因果逻辑，直觉型认知风格的创业者更依赖于效果逻辑。但是在环境不确定性程度高的创业情境中，分析型认知风格的创业者不要过多地在乎预期回报；直觉型认知风格的创业者也不要过于在乎可承受损失，且要减少运用意外事件。

第二，创业者需要理性审视自身的先前经验，尤其是创业经验与管理经验，关注隐性知识对于创业行为的指导作用。先前经验不足的创业者需要注重通过培训和训练，有意识地积累创业经验与管理经验，以进一步提升创业决策质量，从而降低创业失败的风险。

第三，本研究发现遵循因果逻辑的创业者，通过运用预期回报原则以及竞争分析原则来提高新企业绩效，因此创业者在实际创业活动中，应当充分运用预期回报原则以及竞争分析原则进行创业决策。创业者在创业前期进行充分的市场调研活动，收集相关信息，利用 SWOT 分析法对新企业进行深入剖析，了解新企业面临的机会与外部环境中可能的威胁，了解新企业自身拥有的优势以及劣势。据此，创业者确定新企业的发展方向，制订商业计划。在进行投资决策时，创业者充分利用科学技术手段，选择预期回报最大化的投资方案。

第四，本研究证实遵循效果逻辑的创业者，通过运用手段导向原则以及利用意外事件原则促进新企业绩效的提高，因此创业者在实际创业活动中，应当充分运用"我是谁""我知道什么""我认识谁"等手段进行创业，在多次实验的基础上获得较为满意的创业结果。同时，创业者在创业早期应当密切关注外部环境的变化，保持新企业的灵活性，增强企业的适应性，及时捉住环境中出现的创业机会。

第五，本研究证实资源捆绑有利于提高新企业绩效。新企业拥有的静态资源并不能显著提高企业的竞争力。创业者应当高度重视对企业资源的管理，尤其是通过稳定性资源捆绑以及开拓性资源捆绑保持企业竞争优势的可持续性以及先进性，不断更新企业能力，增强企业实力。

第六，从创业教育层面来看，本研究有助于补充、丰富创业教育的内容体系，有针对性地培养出具有创业思维的人才。本研究探讨创业者认知风格和创业情境的综合作用对创业决策逻辑的影响作用，有助于教育界针对个体认知风格的不同来开发出相应的教育模式，对于分析型认知风格的创业者更多地传授因果逻辑的决策理论，对于直觉型认知风格的创业者更多地讲授效果逻辑的决策理论，归纳总结具有创业思维人才的培养模式和途径。同时，教育界需要针对具有不同先前经验的个体因材施教，开发相应的教育模式，培养出具有创业思维、创业实践能力的全方位复合型人才，为中国"大众创业、万众创新"方针的推进提供储备人才，提升创新活力，最终促进国民经济高质量发展。

第七，对于政府层面来说，政府需要不断优化创业环境，为新创企业的孵化以及后续的发展营造良好的环境。同时，政府还需要制定出合理且有效的相关政策，并提供相应的资源支持，如建设创业培训中心、创办创业者训练营等措施，潜移默化地补充创业者的创业经验与管理经验，进而提高创业者在创业过程中制定的创业决策有效性。

6.4 研究局限性与展望

第一，本研究采取的是截面数据，不能反映创业决策的动态规律。由于创业者的认知风格、创业决策逻辑、新企业绩效的形成均是一个长期过程，且会根据创业情境不断地调整和变化（Adomako et al.，2016；Alsos et al.，2020），因此采用截面数据难以真实地反映变量之间的因果关系。未来研究可以采取动态跟踪的方法展开调研，通过多次结构化访问，获取面板数据，克服截面数据的不足，以便可以深入了解到不同创业阶段创业者决策行为的变化。

第二，样本的代表性不足，基于便利性抽样，本研究虽然试图在全国范围内抽样，但是受到人力、物力以及财力等众多因素的限制，最终调查对象主要集中于安徽、宁夏回族自治区、河北、江苏、广东以及江西等27个省区、直辖市和自治区的创业者，调查样本在全国各地、各行业、城乡的分布不均。中国地大物博，幅员辽阔，不同地区的发展水平差异明显，城乡经济存在较大差异，这在一定程度上会制约研究结论的准确性和代表性。电商的崛起使得农村也存在大量创业的实例，因此加大对农村样本的调研符合我国的实际情况。未来研究可以考虑分层随机抽样的方法，在全国各地、各行业进行调查，特别是进一步增加农村等偏远地区的样本量，以获得较为有代表性的数据。

第三，变量测量方面存在一些局限性。本研究对创业决策逻辑、认知风格的测量主要借鉴的是国外开发的成熟量表，该量表是基于西方背景下开发和完善的，能否适用于中国情境尚不可知。笔者虽然通过多次翻译、修改以及小样本调研的方式对该量表进行了修改，以期适用于在中国情境下进行测量，但是主体部分依旧是国外的成熟量表，这可能也会影响到研究结果的解释力度。中国丰富的传统文化、特色的制度、独特的观念等都可能会导致中国创业者的创业决策逻辑、认知风格与西方有所不同（Whetten，2009）。因此，未来研究应该在参考国外成熟研究成果的同时，结合中国经济、制度以及文化等多个特征，设计出适合中国情境、符合中国人思维方式的创业决策逻辑量表和认知风格量表。

第四，对于情境因素的考虑还有待深入。Venkatraman 等人（2012）指出，创业决策逻辑是创业情境特殊性诱发的独特思维和认知过程。本研究仅仅从环境不确定性来刻画创业情境，虽然环境不确定性是创业情境的显著特征，但不能有效反映创业情境，具有明显的局限性，在一定程度上制约了研究结论的准确性。在后续研究中，我们需要从多个角度探索创业情境，例如资源匮乏性、环境易变性、环境复杂性和环境模糊性，以求全面考察创业情境对创业决策逻辑选择、创业决策逻辑对创业绩效的影响等作用关系的调节作用。此外，中国文化、制度与经济政策环境的独特性可能导致创业情境与国外创业情境存在显著差异。因此，未来研究可以考虑国家文化、制度以及经济政策因素的调节作用，进行跨文化比较研究。

第五，有待于进一步丰富创业决策逻辑的影响因素研究。效果逻辑和因果逻辑作为创业者的主要决策逻辑，目前学者多关注其对创业绩效的研究，决策逻辑前置因素的研究仍然比较匮乏。本研究试图分析环境不确定性下，创业者不同类型的先前经验、认知风格对创业决策逻辑选择的影响，但创业决策的制定是多个因素综合的结果，从一个或数个因素来分析，难以全面反映创业决策逻辑选择的内在规律。未来研究应当从更多其他角度切入，挖掘创业决策逻辑的关键影响因素。

第六，本研究只分析了直觉型认知风格对效果逻辑的影响作用、分析型认知风格对因果逻辑的影响作用。创业决策逻辑是一种形成性理论建构，而非反映性理论建构。因果逻辑和效果逻辑不是相反的，而是可能存在一些重叠或可以短暂地并存（Mckelvie et al.，2020）。本研究未考虑因果逻辑和效果逻辑的综合作用，尚未进一步探讨直觉型认知风格与因果逻辑之间的作用关系、分析型认知风格与效果逻辑之间的作用关系。后续研究需要进一步比较直觉型认知风格、分析型认知风格分别对两种创业决策逻辑影响作用的差异。

第七，本研究没有探索先前经验的属性对创业决策逻辑选择的影响，如行业经验的相关性、创业经历的成败等。不同行业在成长性、规模、竞争水平等方面存在重要差异，而仅仅粗略考虑先前经验的多少会导致在衡量行业经验时存在一些偏差，进而对研究结论产生影响（张玉利、杨俊、任兵，2008）。此外，过往成功的创业经历能为创业者增加创业信心，使他们更倾向于对产品或服务价值做出乐观预估，并促使他们积极与利益相关者互动，获取预先承诺（Delmar、Shane，2006）。后续研究应当深入探讨先前经验的属性，挖掘属性差异对创业者创业决策行为的影响作用。目前学者们研究先前经验对创业决策逻辑影响作用时，主要考虑先前经验的有无、长短等方面，这可能导致研究结论产生一些偏差。因此，未来研究应该从行业经验的相关性、创业经历的成败等先前经验的属性角度出发，分析先前经验与创业决策逻辑之间的关系。

第八，本研究主要探索不同类型先前经验对创业决策逻辑的作用机制，二者之间的"黑箱"亟待于揭开。后续研究有必要解析先前经验与创业决策逻辑之间的内在作用机制，如自我效能感的中介作用。Hockerts（2017）指出个体的先前经验有助于他们评估自身的知识、技能。具有丰富经验的个体通常拥有较强的自我效能感。在处理创业过程的决策问题时，创业者会将外界环境中的因素简化为机会或威胁等不同类别。当创业者的自我效能感越高，创业者会对自身的创业能力更加充满信心，他们更有可能将外界环境视为机遇，从而在决策过程中倾向于采用效果逻辑，而减少对因果逻辑的运用（Engel et al.，2014）。因此，未来研究可以考虑自我效能感在先前经验与创业决策逻辑之间的中介作用。

参考文献

［1］ Adomako S, Danso A, Uddin M, et al. Entrepreneurs' optimism, cognitive style and persistence ［J］. International Journal of Entrepreneurial Behavior & Research, 2016 (1): 84-108.

［2］ Allinson C W, Hayes J. The cognitive style index: a measure of intuition-analysis for organizational research ［J］. Journal of Management Studies, 1996 (1): 119-135.

［3］ Allinson C W, Chell E, Hayes J. Intuition and entrepreneurial behaviour ［J］. European Journal of Work and Organizational Psychology, 2000, 9 (1): 31-43.

［4］ Alvarez S A, Busenitz L W. The entrepreneurship of resource-based theory ［J］. Journal of Management, 2001, 27 (6): 755-775.

［5］ Alsos G A, Clausen T H, Mauer R, et al. Effectual exchange: from entrepreneurship to the disciplines and beyond ［J］. Small Business Economics, 2020, 54 (3): 605-619.

［6］ An W W, Charles-Clemens Rüling, Zheng X, et al. Configurations of effectuation, causation, and bricolage: implications for firm growth paths ［J］. Small Business Economics, 2020, 54 (3): 843-864.

［7］ Andries P, Debackere K, Van Looy B. Simultaneous experimentation as a learning strategy: business model development under uncertainty ［J］. Strategic Entrepreneurship Journal, 2013, 7 (4): 288-310.

［8］ Arend R J, Sarooghi H, Burkemper A. Effectuation as ineffectual? Applying the 3E theory-assessment framework to a proposed new theory of entrepreneurship ［J］. Academy of Management Review, 2015, 40 (4): 630-651.

［9］Arend R J, Sarooghi H, Burkemper A. Effectuation, not being pragmatic or process theorizing, remains ineffectual: responding to the commentaries ［J］. Academy of Management Review, 2016, 41 (3): 549–556.

［10］Aritzeta A, Senior B, Swailes S. Team role preference and cognitive styles: a convergent validity study ［J］. Small Group Research, 2005, 36 (4): 404–436.

［11］Armstrong S J, Hird A. Cognitive style and entrepreneurial drive of new and mature business owner-managers ［J］. Journal of Business and Psychology, 2009, 24 (4), 419–430.

［12］Barbosa S D, Gerhardt M W, Kickul J R. The role of cognitive style and risk preference on entrepreneurial self – efficacy and entrepreneurial intentions ［J］. Journal of Leadership and Organizational Studies, 2007, 13 (4): 86–104.

［13］Barney J. Firm resources and sustained competitive advantage ［J］. Journal of Management, 1991, 17 (1): 99–120.

［14］Baron R A, Ensley M D. Opportunity recognition as the detection of meaningful patterns: Evidence from comparisons of novice and experienced entrepreneurs ［J］. Management Science, 2006, 52 (9): 1331–1344.

［15］Berends H, Jelinek M, Reymen I, et al. Product innovation processes in small firms: Combining entrepreneurial effectuation and managerial causation ［J］. Journal of Product Innovation Management, 2014, 31 (3): 616–635.

［16］Blauth M, Mauer R, Brettel M. Fostering creativity in new product development through entrepreneurial decision making ［J］. Creativity and Innovation Management, 2014, 23 (4): 495–509.

［17］Brinckmann J, Grichnik D, Kapsa D. Should entrepreneurs plan or just storm the castle? A meta-analysis on contextual factors impacting the business planning – performance relationship in small firms ［J］. Journal of Business Venturing, 2010, 25 (1): 24–40.

［18］Brooke G. Uncertainty, profit and entrepreneurial action: Frank Knight's contribution reconsidered ［J］. Journal of the History of Economic Thought, 2010,

32 (2): 221-235.

[19] Brüderl J, Preisendörfer P, Ziegler R. Survival chances of newly founded business organizations [J] . American Sociological Review, 1992, 57 (2): 227-242.

[20] Busenitz L W, Plummer L A, Klotz A C, et al. Entrepreneurship research (1985-2009) and the emergence of opportunities [J]. Entrepreneurship: Theory and Practice, 2014, 38 (5): 981-1000.

[21] Buttner E H, Gryskiewicz N. Entrepreneurs' problem-solving styles: an empirical study using the Kirton adaption/innovation theory [J] . Journal of Small Business Management, 1993, 31 (1): 22.

[22] Bygrave W D. Theory building in the entrepreneurship paradigm [J]. Journal of Business Venturing, 1993, 8 (3): 255.

[23] Cai L, Guo R P, Fei Y P, et al. Effectuation, exploratory learning and new venture performance: evidence from China [J] . Journal of Small Business Management, 2017, 55 (3): 388-403.

[24] Carnabuci G, Dioszegi B. Social networks, cognitive style, and innovative performance: A contingency perspective [J] . Academy of Management Journal, 2015, 58 (3): 881-905.

[25] Carnes C M, Ireland R D. Familiness and innovation: Resource bundling as the missing link [J] . Entrepreneurship: Theory and Practice, 2013, 37 (6): 1399-1419.

[26] Cassar G. Industry and startup experience on entrepreneur forecast performance in new firms [J] . Journal of Business Venturing, 2014, 29 (1): 137-151.

[27] Casson M, Wadeson N. The discovery of opportunities: Extending the e-conomic theory of the entrepreneur [J] . Small Business Economics, 2007, 28 (4): 285-300.

[28] Chandler G N. Business similarity as a moderator of the relationship between pre-ownership experience and venture performance [J] . Entrepreneurship

Theory and Practice, 1996, 20 (3): 51.

[29] Chandler G N, DeTienne D R, McKelvie A, et al. Causation and effectuation processes: A validation study [J]. Journal of Business Venturing, 2011, 26 (3): 375-390.

[30] Chaston I, Sadler-Smith E. Entrepreneurial cognition, entrepreneurial orientation and firm capability in the creative industries [J]. British Journal of Management, 2012, 23 (3): 415-432.

[31] Chell E. The entrepreneurial personality: A few ghosts laid to rest? [J]. International Small Business Journal, 1985, 3 (3): 43-54.

[32] Churchill G A. A paradigm for developing better measures of marketing constructs [J]. Journal of Marketing Research, 1979, 16 (1): 64-73.

[33] Ciabuschi F, Perna A, Snehota I. Assembling resources when forming a new business [J]. Journal of Business Research, 2012, 65 (2): 220-229.

[34] Cohen W M, Levinthal D A. Absorptive capacity: a new perspective on learning and innovation [J]. Administrative Science Quarterly, 1990, 35 (1): 128-152.

[35] Colombo M G, Crilli L. Founders' human capital and the growth of new technology-based firms: a competence-based view [J]. Research Policy, 2005, 34 (6): 795-816.

[36] Cools E, Van Den B H. The hunt for the heffalump continues: Can trait and cognitive characteristics predict entrepreneurial orientation? [J]. Journal of Small Business Strategy, 2007, 18 (2): 23-41.

[37] Cools E, Van Den B H. Development and validation of the cognitive style indicator [J]. The Journal of Psychology: Interdisciplinaty and Applied, 2007, 141 (4): 359-387.

[38] Danneels E. The process of technological competence leveraging [J]. Strategic Management Journal, 2007, 28 (5): 511-533.

[39] Davidsson P, Honig B. The role of social and human capital among nascent entrepreneurs [J]. Journal of Business Venturing, 2003, 18 (3): 301-331.

［40］Detienne D R, Chandler G N. The impact of motivation and causation and effectuation approaches on exit strategies ［J］. Frontiers of Entrepreneurship Research, 2010, 30 (1): 1–14.

［41］Deligianni I, Voudouris I, Lioukas S. Do effectuation processes shape the relationship between product diversification and performance in new ventures? ［J］. Entrepreneurship Theory and Practice, 2017, 41 (3): 349–377.

［42］Delmar F, Shane S. Does experience matter? The effect of founding team experience on the survival and sales of newly founded ventures ［J］. Strategic Organization, 2006, 4 (3): 215–247.

［43］Dew N, Read S, Sarasvathy S D. Effectual versus predictive logics in entrepreneurial decision-making: Differences between experts and novices ［J］. Journal of Business Venturing, 2009, 24 (4): 287–309.

［44］Dew N, Read S, Sarasvathy S D. Entrepreneurial expertise and the use of control ［J］. Journal of Business Venturing Insights, 2015 (4): 30–37.

［45］Dew N, Sarasathy S, Read S, et al. Affordable loss: behavioral economic aspects of the plunge decision ［J］. Strategic Entrepreneurship Journal, 2009, 3 (2): 105–126.

［46］Dimov D. Nascent entrepreneurs and venture emergence: opportunity confidence, human capital, and early planning ［J］. Journal of Management Studies, 2010, 47 (6): 1123–1153.

［47］Downey H, Hellriegel D, Slocum Jr, et al. Environmental uncertainty: The construct and its application ［J］. Administrative Science Quarterly, 1975, 20 (4): 613–629.

［48］Shepherd M M, Czaplewski A J, Ouening T N. How entrepreneurs think: Why effectuation and effectual logic may be the key to successful enterprise entrepreneurship ［J］. International Journal of Innovation Science, 2012, 4 (4): 205–216.

［49］Dutta D K, Gwebu K L, Wang J. Personal innovativeness in technology, related knowledge and experience, and entrepreneurial intentions in emerging technology industries: A process of causation or effectuation? [J]. International Entrepreneurship and Management Journal, 2015, 11 (3): 529-555.

[50] Eisenhardt K M. Building theories from case study research [J]. The Academy of Management Review, 1989, 14 (4): 532-550.

[51] Engel Y, Dimitrova N G, Khapova S N, et al. Uncertain but able: Entrepreneurial self-efficacy and novices? Use of expert decision-logic under uncertainty [J]. Journal of Business Venturing Insights, 2014, 1-2 (1): 12-17.

[52] Epstein S, Pacini R, Denes-Raj V, et al. Individual differences in intuitive-experiential and analytical-rational thinking styles [J]. Journal of Personality and Social Psychology, 1996, 71 (2): 390-405.

[53] Evers N, Andersson S, Hannibal M. Stakeholders and marketing capabilities in international new ventures: Evidence from Ireland, Sweden and Denmark [J]. Journal of International Marketing, 2012, 20 (4): 46-71.

[54] Fisher G. Effectuation, causation and bricolage: a behavioral comparison of emerging theories in entrepreneurship research [J]. Entrepreneurship: Theory and Practice, 2012, 36 (5): 1019-1051.

[55] Andersson S. International entrepreneurship, born globals and the theory of effectuation [J]. Journal of Small Business and Enterprise Development, 2011, 18 (3): 627-643.

[56] 蔡莉, 柳青. 新创企业资源整合过程模型 [J]. 科学学与科学技术管理, 2007, 28 (2): 95-103.

[57] 蔡莉, 尹苗苗. 新创企业学习能力、资源整合方式对企业绩效的影响研究 [J]. 管理世界, 2009 (10): 1-10, 16.

[58] 曹南燕. 认知学习理论 [M]. 开封: 河南教育出版社, 1991.

[59] 陈璐露. 创业网络背景下创业资源整合与新创企业绩效关系研究 [D]. 浙江: 浙江理工大学, 2016.

[60] 崔连广, 闫旭, 张玉利. 创业者决策逻辑的形成机制研究: 中美创业行为的比较 [J]. 科学学研究, 2021, 39 (6): 1094-1102.

[61] 崔连广, 张敬伟, 邢金刚. 不确定环境下的管理决策研究——效果

推理视角［J］．南开管理评论，2017，20（5）：105-115，130.

［62］崔连广，张玉利，何一清．效果推理理论视角下企业创新与绩效提升机制研究［J］．科学学与科学技术管理，2017，38（9）：68-79.

［63］董保宝，葛宝山，王侃．资源整合过程、动态能力与竞争优势：机理与路径［J］．管理世界，2011（3）：92-101.

［64］杜晶晶．不确定环境下内隐性创业机会开发研究［D］．合肥：中国科学技术大学，2015.

［65］方世建．试析效果逻辑的理论渊源、核心内容与发展走向［J］．外国经济与管理，2012，34（1）：10-17.

［66］方世建．试析效果逻辑的理论渊源、核心内容与发展走向（续）［J］．外国经济与管理，2012，34（2）：10-16.

［67］郭润萍，陈海涛，蔡义茹，等．战略创业决策逻辑的理论基础、类型分析与研究框架构建［J］．外国经济与管理，2017，39（5）：33-45.

［68］胡闲秋，李海垒，张文新．大学生认知风格与创业意向的关系：性别的调节作用［J］．心理与行为研究，2016，14（1）：87-94.

［69］李梓涵昕，王侃，李昌文．新产品开发视角下高管结构型社会资本对组织学习的影响——基于外部环境不确定性的调节作用研究［J］．科学学与科学技术管理，2018，39（8）：69-81.

［70］刘济浔．新创企业决策逻辑的研究——基于感知性创业控制的视角［D］．杭州：浙江工业大学，2020.

［71］陆彦桦．创业者决策逻辑影响因素实证分析［D］．合肥：中国科学技术大学，2015.

［72］龙丹，刘冰，张慧玉．创业直觉研究现状、主题与未来趋势［J］．华东经济管理，2019，33（11）：153-162.

［73］苗青．企业家的认知特征对机会识别的影响方式研究［J］．人类工效学，2007（4）：8-11.

［74］秦剑．基于效果推理理论视角的创业机会创造研究［J］．管理学报，2011（7）：1036-1044.

［75］田莉，龙丹．创业过程中先前经验的作用解析——最新研究成果评

述 [J]. 经济理论与经济管理, 2009 (11): 41-45.

[76] 王玲玲, 赵文红, 魏泽龙. 因果逻辑和效果逻辑对新企业新颖型商业模式设计的影响: 环境不确定性的调节作用 [J]. 管理评论, 2019, 31 (1): 90-100.

[77] 王晓文, 张玉利, 李凯. 创业资源整合的战略选择和实现手段: 基于租金创造机制视角 [J]. 经济管理, 2009, 31 (1): 61-66.

[78] 王艳子, 张莉, 李倩. 企业家认知风格对企业成长的影响——以柯达公司为例 [J]. 首都经济贸易大学学报, 2017, 19 (3): 82-89.

[79] 吴明隆. 结构方程模型: AMOS 的操作与应用 [M]. 重庆: 重庆大学出版社, 2010.

[80] 薛薇. SPSS 统计分析方法及应用 (第 4 版) [M]. 北京: 电子工业出版社, 2017.

[81] 杨俊. 创业决策研究进展探析与未来研究展望 [J]. 外国经济与管理, 2014, 36 (1): 2-11.

[82] 杨俊, 迟考勋, 李季. 创业者的认知风格平衡能力: 理论与模型构建 [J]. 苏州大学学报 (哲学社会科学版), 2015, 36 (3): 101-110, 192.

[83] 杨俊, 张玉利, 刘依冉. 创业认知研究综述与开展中国情境化研究的建议 [J]. 管理世界, 2015 (9): 158-169.

[84] 杨林, 顾红芳, 李书亮. 高管团队经验与企业跨界成长战略: 管理自主权的调节效应 [J]. 科学学与科学技术管理, 2018, 39 (9): 101-119.

[85] 尹苗苗, 王玲. 创业领域资源整合研究现状与未来探析 [J]. 外国经济与管理, 2015 (8): 3-12, 29.

[86] 袁帅. 企业社会创业机会识别影响因素的探索性案例研究 [D]. 蚌埠: 安徽财经大学, 2015.

[87] 张慧玉, 李华晶, 胡望斌. 创业直觉研究述评及展望 [J]. 科学学与科学技术管理, 2016 (8): 20-33.

[88] 张敬伟, 李蕊. 创业领域的认知风格研究: 述评与展望 [J]. 燕山大学学报 (哲学社会科学版), 2019, 20 (1): 89-96.

[89] 张秀娥, 孙中博. 基于效果逻辑的创业行为与创业绩效研究 [J].

商业研究，2013（3）：91-95.

［90］张玉利，杨俊，任兵．社会资本、先前经验与创业机会：一个交互效应模型及其启示［J］．管理世界，2008（7）：91-102.

［91］张玉利，赵都敏．新企业生成过程中的创业行为特殊性与内在规律性探讨［J］．外国经济与管理，2008（1）：8-16.

［92］张玉利，田新，王瑞．创业决策：Effectuation 理论及其发展［J］．研究与发展管理，2011，23（2）：48-57.

［93］赵都敏．创业行为选择研究效果理性视角［M］．北京：经济科学出版社，2013.

［94］朱秀梅，蔡莉，陈巍，等．新创企业与成熟企业的资源管理过程比较研究［J］．技术经济，2008（4）：22-28.